BERNARD-HENRI LÉVY

Sur la route des hommes sans nom

Grasset

SUR LA ROUTE DES HOMMES SANS NOM

DU MÊME AUTEUR

Essais

BANGLA-DESH : NATIONALISME DANS LA RÉVOLUTION, Maspero, 1973. Réédité au Livre de Poche sous le titre : Les Indes rouges, 1985.
LA BARBARIE À VISAGE HUMAIN, Grasset, 1977.
LE TESTAMENT DE DIEU, Grasset, 1979.
L'IDÉOLOGIE FRANÇAISE, Grasset, 1981.
IMPRESSIONS D'ASIE, Le Chêne/Grasset, 1985.
ÉLOGE DES INTELLECTUELS, Grasset, 1987.
LES AVENTURES DE LA LIBERTÉ, UNE HISTOIRE SUBJECTIVE DES INTELLECTUELS, Grasset, 1991.
LES HOMMES ET LES FEMMES (avec Françoise Giroud), Orban, 1993.
LA PURETÉ DANGEREUSE, Grasset, 1994.
LE SIÈCLE DE SARTRE, Grasset, 2000.
RÉFLEXIONS SUR LA GUERRE, LE MAL ET LA FIN DE L'HISTOIRE, PRÉCÉDÉ DES DAMNÉS DE LA GUERRE, Grasset, 2001.
RAPPORT AU PRÉSIDENT DE LA RÉPUBLIQUE ET AU PREMIER MINISTRE SUR LA PARTICIPATION DE LA FRANCE À LA RECONSTRUCTION DE L'AFGHANISTAN, Grasset/La Documentation française, 2002.
QUI A TUÉ DANIEL PEARL ?, Grasset, 2003.
AMERICAN VERTIGO, Grasset, 2006.
CE GRAND CADAVRE À LA RENVERSE, Grasset, 2007.
DE LA GUERRE EN PHILOSOPHIE, Grasset, 2010.
LA GUERRE SANS L'AIMER, *Journal d'un écrivain au cœur du printemps libyen*, Grasset, 2011.
L'ESPRIT DU JUDAÏSME, Grasset, 2016.
L'EMPIRE ET LES CINQ ROIS, Grasset, 2018.
CE VIRUS QUI REND FOU, Grasset, 2020.

Suite en fin de volume

BERNARD-HENRI LÉVY

SUR LA ROUTE DES HOMMES SANS NOM

BERNARD GRASSET
PARIS

ISBN 978-2-246-82862-4

Tous droits de traduction, de reproduction et d'adaptation
réservés pour tous pays.

© *Éditions Grasset & Fasquelle*, 2021.

CE QUE JE CROIS

Avant-propos

Des reportages...
La première pensée qui me vient, chaque fois, c'est celle de « l'universel reportage » et de l'opprobre dont le frappa le plus exigeant des poètes français.

Car j'appartiens à une génération qui a vu en Stéphane Mallarmé, poète aristocrate foudroyant toute la prose du siècle à venir, l'un de ses maîtres incandescents.

J'ai eu vingt ans, et c'était un bel âge, au moment où l'auteur de *Vers et Prose* sortait des « cénacles d'azur » pour rejoindre, à mes yeux et à ceux de mes camarades, la troupe des « anti-humanistes théoriques » qui, avec leur goût de la grande pensée, leur fétichisme de la science et de la critique pure, leur amour d'une langue qui avait bien assez de ses mystères pour s'embarrasser de ceux d'un monde qui n'était que son

Ce que je crois

simulacre, semblaient répudier le « parti pris des choses », le culte du « terrain » et, pour parler comme un autre poète, celui que Mallarmé appelait « Monsieur Vers », Victor Hugo, la religion des « choses vues ».

Et l'idée de faire servir la langue à un autre usage que littéraire, l'idée qu'elle puisse sortir de l'espace pur, irrespirable, où « rien n'a lieu que le lieu » et que Mallarmé assignait au fameux « Livre », l'idée d'une littérature du réel, épousant le réel et allant modestement, comme chez Monsieur Vers, à sa rencontre – cette idée n'allait pas de soi et faisait injure à la haute image que nous nous faisions de l'usage des mots.

Un texte pouvait, certes, être comme ces « engins » qu'avaient commencé de faire sauter les premiers anarchistes, ancêtres de l'ultra-gauche, et dont Mallarmé estimait qu'ils illuminaient le monde d'une lueur sommaire mais belle.

Il pouvait, comme chez les surréalistes interprétant Arthur Rimbaud à leur manière toujours grandiose et outrée, être ce « rayon blanc » tombant du ciel pour anéantir la comédie humaine – ou il pouvait, comme chez Valéry dans sa dernière visite au pape de la rue de Rome, venir, à « midi sonné », rivaliser de « pyrotechnie » avec le « silence plein de vertiges et d'échanges ».

Avant-propos

Mais la trivialité des choses, l'humilité de leur observation, le voyage aux quatre coins du monde et dans ses confins les plus inhospitaliers, la quête, à la longue épuisette, du concret, le vrai, celui des noms et des visages, pas celui qui triomphe aujourd'hui dans ses fantômes digitaux et ses data, l'entreprise qui consiste à aller saisir, à leur pointe de flamme, les guerres quand elles sont confuses, les souffrances quand elles sont impardonnables et les fugitifs détails témoignant d'un destin promis à l'insignifiance, bref, le simple, le banal et le laid aujourd'hui de l'événement à peine sensible, nous laissions cela aux publicistes.

Alors, pourquoi ?

Quelles autres réquisitions m'a-t-il fallu, et me faut-il encore, pour que j'aie, très vite, et toute ma vie, écrit des reportages ?

Et par quoi ai-je été habité pour heurter ainsi, en moi-même, les recommandations de ceux qui me voulaient venu au monde pour y mener une vie de parole et de pensée ?

C'est une question que je ne me suis jamais clairement posée.

Et je veux la poser ici, au seuil de ces textes nés dans *Paris Match*, ce beau magazine qui est aussi celui, par excellence, du gros tirage, du grand commerce, du spectaculaire triomphant et, donc, de l'universel reportage.

Ce que je crois

A mon âge, il est temps.

Même si je ne suis toujours pas parvenu à fétichiser mes années et si je ne crois pas davantage à la sagesse acquise qu'au vieillissement inexorable, il est temps, pour citer encore Rimbaud, de dire l'histoire de mes folies.

1

Qu'est-ce que c'est, dégueulasse ?

Au commencement, il y a un réflexe.

Je viens de dire que je ne me suis jamais clairement posé la question de ce qui m'a fait consacrer une part de mon existence à courir le monde et à en rapporter des récits.

Mais la vérité est que je ne me la pose pas davantage en pratique, chemin faisant, à chaque départ ; et je peux me rendre en Erythrée, en Bosnie ou en Afghanistan, je peux, comme en cette année 2020, repartir vers huit ou neuf destinations rendues plus inaccessibles encore par les réglementations sanitaires et le grand renfermement planétaire, sans prendre le temps de douter, de peser le pour et le contre, ni de me demander, à plus forte raison, ce qui m'anime, me fait courir et me jette, une nouvelle fois, dans cette galère ou cette fournaise.

Jamais de vraie hésitation.

Ce que je crois

Jamais de vraie crainte ni, d'ailleurs, d'orgueil de ne pas craindre.
Une décision, chaque fois.
Une occasion, une intuition et, donc, une décision.
Et, face aux images entraperçues, jadis, du génocide au Bangladesh, de la guerre au Tigré ou du siège de Sarajevo, face aux informations vagues m'arrivant, aujourd'hui, sur les combats qui reprennent chez mes amis kurdes irakiens, face à des situations dont je ne sais rien, ou dont j'ai une idée indistincte et vague, tels le désastre du Darfour, ou les corps éventrés des chrétiens du Nigeria, ou les visages sans traits des villageois victimes des guérillas du Burundi et de Colombie, juste une boussole intime qui, tout à coup, s'affole et me fait dire : « pas possible ; pas supportable ; et pas supportable non plus, voire dégueulasse, l'indifférence féroce de mes compatriotes européens ».
Je crois salutaire d'avouer ici ce mécanisme.
Car il est le vrai cœur intime dont la pulsation met en mouvement, à chaque coup, mon intelligence et mon corps.
Et c'est vraiment comme cela, sous l'empire de cette voix intérieure, que je me décide et agis.
A ceux qui se demanderaient ce qu'une telle voix intérieure veut dire, je recommanderai la lecture de Kant.

Qu'est-ce que c'est, dégueulasse ?

Ou de Pascal.

Ou, bien sûr, celle de Rousseau et de son vicaire savoyard dont la conscience est un « instinct divin » et a des « harmoniques » qui parlent à tous les cœurs.

Ou, déjà, Platon décrivant un Socrate habité depuis l'enfance par un « être semi-divin » qui, même lorsqu'il chuchote, parle plus haut que l'affreuse voix de la pensée toute faite et résignée.

Ou encore Husserl voyant dans le monologue intérieur, qu'il appelait la « vie solitaire de l'âme », une vérité que n'ont encore éventée, ni le souci tactique, ni les compromis pour se faire entendre, ni les malentendus de la mauvaise foi.

A ceux qui n'y croiraient pas et que cette hypothèse laisserait perplexes, aux goguenards qui s'esclafferont que personne, dans ce monde devenu grinçant à force d'être hors de ses gonds, ne peut accorder crédit à ces histoires de vérité première et de morale intime, aux soupçonneux qui cligneront de l'œil, telles les tarentules du *Zarathoustra*, en se demandant quels désirs informulés, quels intérêts inavoués ou quelles obscures arrière-pensées peut bien dissimuler l'aveu de cette candide révolte face au scandale du mal, je concéderai que les choses sont, en effet, plus complexes : mais sans que soit pour autant remis en doute, du moins à mes yeux, le rôle de cette voix blanche et sans réplique, sans mots mais qui ne tremble pas et qui en dit toujours plus long que toutes les raisons, aux pieds de plomb, de laisser faire et de ne pas bouger.

Un réflexe, en vérité, n'est pas contradictoire d'apprentissage.

Ni d'un ensemble de souvenirs, de décisions anciennes, de compagnonnages ineffaçables, de maîtres écoutés, de livres lus et oubliés.

Ni d'un chaudron intime, d'une chimie, dont il devrait être possible d'isoler quelques-uns des composants, des solvants généralement invisibles, des agents plus ou moins actifs.

Un réflexe n'est pas un automatisme, ni un coup de sang, ni, encore moins, un instinct et a, d'ailleurs, une histoire dont il est toujours possible, avec un peu de patience et de probité, de dégager la scène primitive, puis les métamorphoses.

Et celui-ci, ce réflexe qui m'a fait, à maintes reprises, prendre la route, quitter mes proches et embrasser la cause d'un peuple qui n'était pas le mien, il ne serait pas très difficile d'en entreprendre l'archéologie.

On y trouverait des couches communes, d'abord, à la génération des femmes et hommes qui eurent vingt ans à la fin des années 1960 ou au début de la décennie suivante.

Qu'est-ce que c'est, dégueulasse ?

C'est ce moment paradoxal où, à peine sortis de leurs thèmes latins et de leurs dissertations philosophiques, les plus ardents des jeunes intellectuels plongèrent dans un maoïsme qui engendra bien des monstruosités de pensée mais qui eut aussi un beau mot d'ordre : guerre contre l'égoïsme, c'est-à-dire contre les idéaux peureux, pusillanimes, rapaces de Sa Majesté le Moi.

C'est l'époque – on pourrait presque dire, pour chacun, le jour – où l'on découvrait, sur le présentoir central de la librairie La Joie de lire, créée et dirigée par un éditeur valeureux nommé François Maspero, un livre terrible et brûlant, incendiaire et incendié, furieusement dangereux et, pourtant, inspiré, dont l'auteur était Frantz Fanon, le préfacier Jean-Paul Sartre et qui s'intitulait *Les Damnés de la terre*. Je tenais pour rhétorique, je suppose, l'affreuse dialectique d'une révolte qui, en abattant un Européen, promettait de faire « d'une pierre deux coups » puisqu'elle supprimait en même temps un oppresseur et un opprimé et que demeuraient « un homme mort et un homme libre ». Je n'entendais donc pas vraiment, je le dis à ma courte honte, ces authentiques appels au meurtre qui inspireront, un jour, le « one Jew, one bullet ! » de la conférence de Durban. Mais qu'il y eût, sur la terre, des damnés, que leur damnation ne vînt pas des dieux (le Dieu de mes pères n'avait-il pas commencé de m'enseigner, en secret, et même à mon insu, à fuir l'idolâtrie ?), mais qu'ils fussent damnés par les hommes, par les cultures, par les monarchies, par les tyrannies, les oligarchies ou les pseudo-démocraties (bref, chaque fois, me disais-je, par des chefs de bande hypocrites et maquillés en prêtres), voilà la source d'une colère qui, quelque distance que j'aie pu prendre, ensuite, avec ce livre et son auteur, ne m'a plus jamais quitté.

Ce sont, lestant cette colère première, aimantant cette boussole et posant cette voix intérieure qui, sans eux, serait restée suspendue, sans organe, ou, pire, réduite aux slogans débiles d'un esprit groupusculaire nihiliste et meurtrier, quelques-uns des grands professeurs dont j'ai parlé plus haut mais dont je n'ai pas tout dit en les qualifiant d'« anti-humanistes ».

Ils étaient cela, bien sûr.

Mais voici l'un des tours prodigieux, et même des retournements, dont les hautes époques ne sont pas avares et qui a été peu relevé.

Le même Jacques Lacan, qui avait noyé l'homme de l'humanisme dans une lumineuse forêt de graphes et de mathèmes, était aussi celui qui exhortait chacun à ne pas céder sur son désir ni sur sa singularité de sujet parlant.

Qu'est-ce que c'est, dégueulasse ?

Le même Michel Foucault qui avait déclaré la mort de l'homme « s'effaçant comme, à la limite de la mer, un visage de sable » s'employait, avec une égale assurance, à en défendre les droits ; mieux : en documentant l'histoire du parricide Pierre Rivière, en ressuscitant la mémoire de l'androgyne Herculine Barbin, en prêtant sa voix aux proscrits qu'étaient, à ses yeux, les enfermés des quartiers de haute sécurité des prisons françaises, il faisait plus que quiconque pour embrasser la cause des hommes réels, les petits hommes, les hommes obscurs, ceux dont le nom ne dit rien et qu'il sauvait ainsi de leur infamie de sujets sans *fama*, sans réputation, sans dignité, sans archive.

Et j'entends encore Louis Althusser, la dernière fois que je le vis, avant mon départ pour le Bangladesh et alors qu'il me recommandait à l'économiste Charles Bettelheim, son ami, en vue d'une éventuelle thèse : il est sur le pas de la porte de son appartement-bureau ; il sort, mais je ne le sais pas encore, d'une de ces séances d'électrochocs censées traiter sa maniaco-dépression et qui l'exténuaient ; et il me lance, le doigt levé, l'œil fou : « les hommes ! les hommes réels ! n'oublie surtout pas de lui parler des hommes réels ! l'oubli est notre ennemi ! ».

Comme cela était-il possible ? Y avait-il, entre les deux côtés, la différence d'une métaphysique et de son remords ? D'un désespoir et de son remède ? Une politique fondamentale et une provisoire ? Était-ce un mouvement de l'un à l'autre ? Une erreur rectifiée, au sens de Bachelard dont l'épistémologie était une autre tendance lourde, une autre source d'inspiration, pour ces années ? Ou le concept d'homme s'était-il enrichi et devait-on entendre que l'homme de l'humanisme, ce concept d'homme trop simple et trop abstrait qu'ils tournaient tous en dérision et traitaient en baudruche, cet homme qui sonnait, non pas fier comme disaient les communistes, mais creux, désespérément et ridiculement creux, fonctionnait comme un obstacle et qu'en levant l'obstacle, en passant derrière l'écran de fumée de l'idéologie, en creusant, comme après une avalanche, sous la couche des bavardages, des illusions sonores et, au fond, des pensées faibles, on dégageait les hommes de chair ensevelis ? Je penche, même si ce n'est pas le lieu, ici, d'expliquer en détail pourquoi, pour la dernière hypothèse.

Mais je veux surtout dire que leur passion pour la pensée pure, leur idolâtrie mallarméenne de la théorie, leurs concepts si follement affinés qu'ils en devenaient absents, comme chez le poète, au bouquet des choses et du monde, tout cela avait, chez ces maîtres, un effet paradoxal : on s'armait, *in fine*, d'une intelligence du monde,

Qu'est-ce que c'est, dégueulasse ?

d'un souci des choses mêmes et d'un engagement pour la part la plus singulière des êtres rendus d'autant plus présents, et brûlants, que l'on s'était d'abord dégagé des fausses pensées et des illusions précritiques.

Et puis cette archéologie passerait enfin par la prodigieuse liberté que, cela induisant ceci et la volte des maîtres inspirant celle des disciples, notre génération a eu vis-à-vis des études, diplômes et, bientôt, carrières que notre « formation » nous avait réservés : une liberté si éloignée, quand on y songe, de la façon qu'ont les jeunes gens d'aujourd'hui de se précipiter au baptême de la vie sociale et politique, c'est-à-dire, bien souvent, au marécage...

L'Ecole normale supérieure de la rue d'Ulm avait rarement, il me semble, brillé d'un éclat si vif au sommet de l'excellence académique et il fallait, pour y entrer, tutoyer Sophocle et Lucain, déchiffrer Homère sans traduction, avoir lu tous les livres et, pendant deux, voire plus de deux, années d'un intense rabâchage, s'être fait aussi pauvre en chair que l'on se voulait riche en esprit.

Mais à peine était-ce fait, à peine avait-on intégré ce temple du savoir, encore hanté par les ombres prestigieuses de Péguy, Jaurès, Sartre ou Nizan, qu'on déployait une force à peine moins grande pour, en un geste de révolte dont je ne

Ce que je crois

vois pas d'équivalent dans les mouvements de jeunesse d'aujourd'hui, désintégrer cette intégration et, au fond, se saborder.

Il fallait oublier les savoirs dont on nous avait gavés.

Jeter au feu nos cahiers ainsi que ceux de nos livres dont la philosophie lacanienne nous avait enseigné qu'ils étaient fils du malheur, semblables à une boue faite des sanglots des hommes, et seulement propres à éterniser cette malédiction.

Concevoir nos thurnes comme des bases rouges.

Voir dans la mare aux poissons rouges du jardin intérieur baptisée, dans le jargon des normaliens, bassin aux Ernests un lieu de rendez-vous pour candidats au grand reniement.

Transformer les caves historiques de l'Ecole en laboratoires pour Lafcadios gidiens qui, sérieux comme des papes, déconstruisaient les pensers nouveaux ou, parfois tout de même, les reconstruisaient, mais en y injectant assez d'obscurité pour que l'on soit bien certain qu'ils demeureraient gratuits, ne seraient d'aucun usage et ne serviraient ni à l'asservissement ni à l'enchantement de quiconque.

Faire des salles Dussane ou Cavaillès, lorsqu'elles accueillaient Jean Beaufret, disciple préféré de l'ancien nazi Heidegger, les lieux d'un chahut mémorable.

Qu'est-ce que c'est, dégueulasse ?

Et, quand arrivait l'année de l'agrégation, l'acte de rupture était plus net encore : car, de même que, dans « Normale sup », nous avions d'abord entendu « Normale » et une « normalisation » hideuse à laquelle il était impérieux de se soustraire, de même, dans cette nouvelle distinction, chèrement acquise elle aussi et tenue par les générations aînées comme un sacre pédagogique et républicain, nous entendions « agrégation », oui, mais au sens propre, le pire, le plus épais, le plus bête – celui d'un savoir s'agrégeant, comme au mortier, en une matière morte ou celui d'une mauvaise pâte en train de se durcir et de se sédimenter au contact d'un savoir étouffant.

Nous avions, je le répète, d'immenses professeurs.

Nous avions l'exemple de Jacques Derrida et de ses commentaires vivifiants.

Celui de Michel Foucault, virtuose dans l'art des trilles, gammes et arpèges de la musique des mondes obscurs.

Nous avions, plus âgé qu'eux, le penseur du corps normal et du corps pathologique, donc de cette question de la mort dont l'Occident avait fait son thème tournoyant et fatal et qu'il ordonnait, lui, à sa lucidité de philosophe-médecin et, comme son propre maître, Jean Cavaillès, de « résistant par logique » – j'ai nommé Georges Canguilhem, petit homme taciturne et sec,

Ce que je crois

camarade de promotion de Sartre et de Nizan, et ancien commandant des maquis de Libération Sud, que l'on appelait familièrement « le Cang » mais qui fut l'une des figures totémiques de la génération de Foucault et de la mienne : c'est une citation de lui qui apparaissait en exergue des *Cahiers pour l'analyse,* la prestigieuse revue, fondée par Jacques-Alain Miller, Jean-Claude Milner, François Régnault et Alain Grosrichard, du Cercle d'Epistémologie de la rue d'Ulm – et c'est à son œuvre que j'ai moi-même consacré, en 1969, mon mémoire de maîtrise de philosophie.

Mais la vie intellectuelle, entre les quatre murs des concepts et de la pensée agrégés, nous semblait un noir poison ; et cette *figure de l'agrégé* que la Convention avait en tête quand elle décréta, en 1794, l'établissement, dans le cloître en pierre de taille où était jusqu'alors le Muséum d'histoire naturelle de Paris, d'une école où seraient « regroupés », venus de « toutes les parties de la République », les professeurs les plus habiles pour « enseigner l'art d'enseigner », nous paraissait le prototype de ces grands techniciens serviles que veut s'attacher tout pouvoir : le visage même de la mort de la pensée, de la mort de la générosité, de la mort de la vie et, au fond, de la mort tout court.

Les uns partirent s'établir en usine.

Qu'est-ce que c'est, dégueulasse ?

Les autres s'en allèrent, qui au Venezuela, qui à Cuba, pour faire la révolution.

Je pris, pour ma part, le chemin du Bangladesh et des « Indes rouges » pour, plusieurs mois durant, m'efforcer d'accompagner la naissance d'une nation.

Et, si tous ne poussaient pas si loin l'art de l'abjuration, je me souviens quand même d'une époque où, peut-être pas le premier, mais le second réflexe d'un jeune agrégé ayant du cœur allait toujours dans ce sens : un ressort ou, plus exactement, un double ressort faisant que, plus on avait tâté du Savoir absolu, plus on avait comprimé nos âmes pour y faire entrer, à l'entonnoir, jusqu'à l'ivresse, les gaies et tristes sciences – et plus on s'en dégageait pour retourner, toutes gloire et honte bues, au contact de ces « choses mêmes » que l'on avait dédaignées.

Il n'est pas inutile, non plus, de rappeler ce mécanisme.

D'abord pour faire sentir aux générations modernes le parfum d'un radicalisme qui, même s'il eut ses dérives et fut frôlé par le vent de l'aile du scientisme, puis de la violence, eut une autre allure et fut animé par un souci de l'universel devenu bien étranger, il me semble, aux ratiocinations des pensées décoloniales, racialistes, différentialistes ou petitement communautaristes qui sont l'avant-garde des extrêmes gauches au XXIe siècle.

Mais surtout parce qu'il y eut là une conjoncture intellectuelle très singulière où la soif d'absolu était d'autant plus vive qu'elle avait d'abord épousé une grande pensée intimidante, exigeante, qui, déshabillée par ses disciples mêmes, les avait à la fois armés et émancipés.

L'autre part de cette histoire m'est plus personnelle.

Pasolini écrit, dans le texte qui, en 1962, sert de commentaire *off* à son documentaire en forme de journal lyrique intitulé *La Rage* : « bienheureux les fils dont les pères furent des héros ».

Et, pour l'avoir un peu croisé dans les dernières années de sa vie, je sais qu'il savait, en écrivant cela, aller contre le préjugé romantique qui date, en France, de l'ouverture de *La Confession d'un enfant du siècle* de Musset et qui dit à peu près ceci : misère d'une génération que des pères colossaux, aux « poitrines chamarrées d'or », ont conçue sous un « ciel sans tache » où « brillait » toute la « gloire » des guerres de la Révolution et de l'Empire ! malédiction de ces jeunes gens paralysés par des géniteurs hussards, grognards, officiers, uhlans, cavaliers, qui avaient été saisis à l'oreille par l'Empereur, qui étaient

Qu'est-ce que c'est, dégueulasse ?

rentrés pantelants, sanglants, crottés, boueux, de ses héroïques aventures et qui traînaient après eux le même air d'orage, de tornade, de chevauchées éclairs et de défaites épiques !

Le mal du siècle, selon Musset, qu'est-ce d'autre qu'être condamné au repos par un père plus grand que soi ? réduit à rêver des neiges de Moscou et du soleil des Pyramides en s'entendant répéter soir et matin : « fini, les illusions ; fini, les rêves de grandeur humaine ; il n'y a plus, en ce monde, que des demi-soldes ; faites-vous prêtres ! » ? qu'est-ce, sinon cette force que l'on vous a transmise mais qui paraît tout à coup inutile ?

Eh bien c'est Pasolini qui, dans mon cas, était dans le vrai.

J'ai eu la chance, en effet, de naître d'un père deux fois héroïque.

La résistance au nazisme : il fut, à la mi-mai 1944, au sein de la 1re Division française libre et sous les ordres d'un général de légende, Diego Brosset, à l'avant-garde de la campagne d'Italie ; et il fut de ceux qui escaladèrent les ravins à pic des monts Faito et Majo pour couvrir les fantassins polonais plantant le drapeau tricolore au sommet de Monte Cassino et ouvrir ainsi la voie de la victoire aux armées alliées.

Ce que je crois

Mais déjà, avant cela, il s'engagea dans les Brigades internationales en Espagne : il arrive en juillet 1938, la semaine de ses 18 ans, presque un enfant, à Barcelone ; et il y retourne, quelques mois plus tard, après la retraite du front de l'Ebre et la dissolution de sa compagnie, se battre au sein de la division qui luttera jusqu'au bout et couvrira la « Retirada » de février 1939.

Or je dis que c'est Pasolini qui est dans le vrai car j'avais ces hauts faits en tête quand, en novembre 1971, normalien et agrégé, mais résolu à m'affranchir de l'esthétisme de la pensée, des travaux d'intellectuel emprofessoré et d'un destin de fabricant de livres qui me semblait alors une impasse, je répondis à l'appel d'André Malraux lançant son idée de Brigade internationale pour le Bangladesh – j'ai raconté cette rencontre dans *Les Aventures de la liberté*.

Je dis que Pasolini a raison car même si, comme tous les héros, mon père était plutôt taiseux, ce sont encore ces deux grandes scènes que nous avons, lui et moi, en tête tandis que, presque quarante ans plus tard, je lui raconte, un dimanche, dans la maison de campagne familiale, comment j'ai suggéré au président bosniaque Izetbegović l'idée d'une Brigade internationale pour Sarajevo et comment celui-ci m'a répondu : « savez-vous vous battre ? tirer ? conduire un char ? non !

Qu'est-ce que c'est, dégueulasse ?

alors faites plutôt un film car une image, quand elle est juste, peut valoir dix mille fusils » ; et quand, après moult admonestations, mises en garde, appels bourrus à mon sens des responsabilités familiales, il tranche que, quitte à tourner un film, autant le faire vite, bien, en y mettant les moyens nécessaires et en m'employant à ce que ce soit le moins mauvais hommage possible à ma nouvelle Catalogne – moyennant quoi, embarquant au passage son estimé rival François Pinault, il résout de le produire.

Et puis je ne compte pas, ensuite, après sa mort, et jusque dans certains des reportages repris ici, les moments de lassitude, de doute, où, loin d'avoir été paralysé par la témérité de ce que Musset appelait « la vieille armée en cheveux gris », je me suis récité mentalement, pour me donner du courage, et comme s'ils allaient m'être un mystérieux fil d'Ariane tendu dans le vide d'une escalade dans les montagnes kurdes ou d'une marche à découvert sur une ligne de front ukrainienne, ces mots de Diego Brosset dans une citation au feu inscrite, à la date du 19 juillet 1944, au lendemain de la prise du mont Cassin, dans son livret militaire : « André Lévy, ambulancier toujours volontaire, de jour et de nuit, quelle que soit la mission ; a assuré les évacuations sous les tirs de mortier avec un mépris

Ce que je crois

total du danger, allant à plusieurs reprises chercher les blessés dans les lignes sous le feu violent de l'ennemi ».

Je dois ajouter à cet héritage magnifique, qui m'a donné tant de force, des lectures personnelles, mais si étrangères au climat de l'époque qu'elles furent quasi clandestines.

Malraux, évidemment, dont le nom – comme celui, d'ailleurs, d'un autre écrivain, Romain Gary, son cadet en toutes choses, que j'allais, lui aussi, bientôt commencer de voir – était devenu imprononçable tant il semblait compromis avec le gaullisme d'Etat.

Sartre, guère prisé lui non plus, sinon au titre d'idiot utile et de signataire, dans *La Cause du peuple*, des textes les plus indéfendables des dirigeants maoïstes ; mais je m'enivrais de nausée, de groupe en fusion et, surtout, d'une thèse qui me fut longtemps et, au fond, jusqu'aujourd'hui une sorte de maxime : un salaud, un vrai, n'est rien d'autre, métaphysiquement parlant, qu'un vivant qui se pense à sa place sur cette terre, qui ne doute pas un instant que cette place soit légitimement, et de toute éternité, la sienne et qui, en conséquence, n'en bougera pour rien au monde et pour personne.

Ou encore *Don Quichotte*, découvert à l'adolescence, à travers les romantiques allemands qui

Qu'est-ce que c'est, dégueulasse ?

avaient été bien les seuls à ne pas brocarder et traiter en parodie le noble hidalgo. Je ne sais pas s'il y a beaucoup plus de gens pour lire, aujourd'hui, *Don Quichotte*. Pas plus, d'ailleurs, qu'ils ne lisent *La Condition humaine*, *Les Sept Piliers de la sagesse* ou quelque livre capable de les arracher, ne serait-ce que le temps d'une rêverie, à cette collection sans fin de figures, à peine plus individuées que les mouches et les fourmis, qui paraît devenue, à l'âge des réseaux sociaux et de l'opinion reine, l'idéal résigné d'une partie de l'humanité. Mais, en tout cas, je le lisais. Aucun anti-humanisme, ou renversement de l'anti-humanisme en son contraire, ne m'aurait dissuadé d'entendre la beauté de ces histoires de grands hommes, de don de soi, de chevalerie et de Dulcinée. Et une part de moi voyait en ce chevalier errant, à la Triste Figure et aux maladresses poétiques, un personnage bouleversant qui, avec son écriteau collé dans le dos, me semblait un Christ sans apôtres dont la Manche serait une Galilée et Barcelone une autre Jérusalem – ou, mieux, un redresseur de torts, un preux, vengeur des peuples avant la lettre, qui, prenant le temps d'interroger un à un les forçats de la montagne Noire, puis les libérant, et les voyant alors se retourner contre lui et le trahir, a cette réplique dont j'aurais pu, certaines fois, en Libye ou ailleurs, me faire une devise : « c'est écrire sur le sable que faire du bien à des méchants ». Il n'y a que Flaubert qui ait su exprimer, avec autant de force, la supériorité des causes perdues et des combats chimériques. Et, aujourd'hui encore, relisant ces aventures fantasques et magnifiques, je n'ai qu'une envie – dire aux assis, aux assignés, à ceux qui discourent sur le rien et dont les paroles sont de vent : vent pour vent, on ne se bat jamais trop contre les moulins à vent.

Et puis je dois ajouter à tous ces testaments la prémonition d'un judaïsme que je n'allais découvrir que plus tard, après *La Barbarie à visage humain*, dans la filiation d'Emmanuel Levinas m'apprenant à dire « après vous », m'enseignant que l'honneur d'un homme est de s'offrir au visage de l'autre homme et finissant, à force de répéter que la seule philosophie qui vaille est celle qui met l'éthique à la place de l'ontologie, par m'en convaincre. Mais je fus l'un de ces sympathisants gauchistes, plus nombreux qu'on ne l'a dit, qui ne sombrèrent jamais dans la maladie infantile de la haine d'Israël. J'ai toujours entrevu l'affinité entre l'universalisme auquel nous aspirions et celui qui, avec le désir de réparer le monde, voire de l'accompagner sur les chemins de sa rédemption, faisait, même si je n'en avais pas encore la connaissance claire et distincte, le

Qu'est-ce que c'est, dégueulasse ?

génie du judaïsme. Et inversement, quand j'ai opéré mon retour à l'être-juif, le vrai, le deuxième, celui qui me conduisit à écrire *L'Esprit du judaïsme*, c'est assez logiquement que j'ai fait de Jonas le personnage principal de mon odyssée : n'est-il pas, de tous les prophètes, celui qui, lorsqu'il se rend à Ninive et prend le risque de sauver des criminels et des graines de criminels, lorsqu'il exhorte au repentir des hommes dont il est écrit que les descendants seront le fer de lance de la guerre mondiale contre son peuple et alors que rien n'atteste que leur repentir de Ninivites est sincère quand ils se mettent à jeûner, à se vêtir de toile de sac et à battre leur coulpe, ressemble le plus à l'intellectuel engagé que j'ai été, que je suis toujours et qui aura passé sa vie à aller de Dacca à Misrata en passant par Luanda, Addis-Abeba et Gaza – c'est-à-dire de Ninive à Ninive ?

C'est ainsi que se fait un homme.
Ainsi qu'il cristallise.
Et c'est ainsi, à travers ces ingrédients, que se construit cette architecture subtile qui, à la fin, fait un réflexe et, de là, un engagement.
J'ai passé du temps, dans le limon gelé des tranchées ukrainiennes, dans la savane en feu du Nigeria ou dans les ruines de Mogadiscio, à

rompre le pain et partager le quotidien de combattantes et combattants qui avaient le tiers de mon âge.

J'ai, des semaines durant, bravé la fatigue, l'ennui et, tout de même, la crainte des mines, des snipers ou des blockhaus devenus souricières, pour observer des hommes aux destins presque identiques, enregistrer un temps lourd et qui ne passait pas et parfois, comme Simón Bolívar ou Quichotte, labourer la mer.

J'ai pris, et fait prendre à mes camarades d'équipée, des risques pour revenir, après dix ans, à l'ouest de cette Libye où je n'étais plus le bienvenu ; ou pour aller braver, au nez et à la barbe de ses mercenaires campant au bord du Rojava, un Erdogan dont je savais qu'il m'avait mis sur liste noire ; ou pour aller à la pêche aux visages dans une Somalie où les voyages se faisaient rares depuis, en 1993, la défaite des Américains face aux islamistes d'Al-Chebab, les images de leurs soldats ensanglantés traînés dans la poussière par des pick-up et, finalement, leur départ sans gloire mais immortalisé par le film de Ridley Scott, *La Chute du faucon noir*.

J'ai passé beaucoup de temps, en vérité, à me battre contre moi-même, à aller parfois au bout de mes forces et, pour mieux me mettre à l'écoute des victimes et tenter de percer un peu

Qu'est-ce que c'est, dégueulasse ?

du mystère du crime absolu, à m'extraire de ma zone de confort sartrienne.

J'ai laissé dans ces aventures un peu de l'énergie et de la santé qui me restent.

J'y ai consacré des ressources que d'autres, comme disait Byron, dans sa dernière lettre à John Bowring, secrétaire du Comité philhellène de Londres, au moment de son départ pour les îles grecques, puis pour Missolonghi qui sera son dernier séjour, auraient flambées à Almack (le club à la mode, ouvert aux femmes et aux hommes, du Londres de l'époque), à Newmarket (l'équivalent de nos courses et de nos paris en ligne) et pour leur bon plaisir.

Eh bien je peux tourner la chose dans tous les sens possibles.

Je n'aurais rien fait de cela si je n'avais eu, vivant au-dedans de moi, ce sentiment, ce point de lumière, cette conscience intime et transcendantale, ce *réflexe*, dont je viens d'esquisser la généalogie.

Je n'aurais pas eu cette drôle de vie, moi, le nanti, le libéral, le fils de famille doté des privilèges que l'on m'impute souvent à crime, si je n'avais eu, en mon théâtre intime, cette scène où les damnés de Fanon rejoignent, dans une même danse macabre, les hommes infâmes de Foucault, les fantômes décharnés de Primo Levi

Ce que je crois

et même, pourquoi pas, le corps supplicié de Pasolini et celui des athlètes héroïques et vaincus de *La Confession d'un enfant du siècle* – os saillants contre os saillants ; corps martyrisés contre corps martyrisés ; mais avec une dose d'espérance, une nostalgie de la fraternité et une foi dans la capacité des hommes, sinon à changer le monde, du moins à l'empêcher de se défaire, qui me viennent de cette intime et ancienne alchimie.

2

S'il n'en reste qu'un

Soit, dira-t-on.
Mais la lutte contre l'égoïsme ne se joue-t-elle pas, aussi, au coin de votre rue ?
Et n'y a-t-il pas assez de misérables en France, et en Europe, pour vous éviter d'aller les chercher dans les tentes du camp de Moria ou dans les taudis du Bangladesh ?
L'heure n'étant pas encore au bilan, je ne vais ni me justifier ni étaler mes états de service de proximité.
Mais voici un autre aveu que je n'ai jamais fait, lui non plus, sur ce ton et en ces termes – et qui répondra, j'espère, aux objecteurs de bonne volonté.
Parmi les mots de ma jeunesse auxquels, en dépit de leur histoire, de leur charge funeste et du chemin que j'ai parcouru depuis le temps où je les entendais pour la première fois, je reste

Ce que je crois

obscurément fidèle, il y en a un qui a plus mauvaise presse encore : internationalisme.

Je ne dis pas « mondialisme ».

Et je voudrais qu'il soit clair que je n'ai, pas plus aujourd'hui qu'hier, de sympathie particulière pour ce fameux capitalisme généralisé, totalisé, déchaîné, qu'on appelle mondialisation des échanges et de la production.

Aucune fascination pour sa mécanique.

A peine une curiosité pour les aventures humaines, en forme de *success stories*, des Bezos, Soros et autres Zuckerberg, ses héros.

Je suis plutôt gêné, gauchisme d'origine oblige, par l'obsession économiste dans laquelle nous fait vivre ce monde enchanté de la mondialisation.

Et la même chose avec l'Europe !

Quand ses commissaires nous la présentent comme une zone de libre commerce où vont naître des champions mondiaux de l'industrie et de la finance, la chose m'intéresse, mais pas plus que cela.

Quand j'écris *Hôtel Europe* et que j'en adapte, ensuite, le texte en vue d'une tournée à travers le continent, je dis oui, bien sûr, à la construction européenne échafaudée par Adenauer et Jean Monnet et qui fut, après l'horreur nationaliste, la planche de salut de la génération de nos pères.

S'il n'en reste qu'un

Mais c'est un oui inquiet, sans ferveur et parti du seul principe que l'on ne fait rien avec rien et, en tout cas, pas avec la réaction, la haine, le ressentiment des europhobes façon Mélenchon ou Le Pen. Et cette Union sans âme, asservie au pire de la domination par le Spectacle, cette Europe des rues identiques, des mêmes galeries marchandes, des zones commerciales où se parle le même anglais globish et où se ressent la même désespérance, jadis surconsumériste et, désormais, blottie dans ses confinements comme dans des taupinières, il faut m'avoir mal lu pour croire que je la célèbre et il faut mal me connaître pour ignorer que la seule Europe que je vénère est celle qu'aimaient Stefan Zweig et Romain Rolland ; celle que Goethe avait en tête quand il disait à Eckermann que personne ne lui paraissait si grand, en Europe, que ce Molière dont il s'appliquait, chaque année, à relire une pièce ; celle des cafés viennois où Beethoven explose de colère quand il voit Napoléon, dédicataire de sa troisième symphonie, se transformer en tyran, c'est-à-dire en homme ordinaire foulant aux pieds les droits de l'homme alors que, comme son quasi-jumeau Hegel, il l'avait d'abord pris pour l'âme du monde et de la révolution.

N'ai-je pas assez dit, alors, et même déclamé, que mon Europe, la seule, l'unique objet de ma

Ce que je crois

passion et de mon combat, c'est celle où, quand on déambule dans des rues piétonnières semées d'enseignes de fast-food ou de magasins de pacotille junk formatée dans les ateliers de la sueur bangladeshis, on croise encore, d'une façon ou d'une autre, les fantômes de Kafka et de Canetti, de Pessoa et de Joyce, d'Eduard Mörike racontant Mozart en train de diriger, à Prague, la première de *Don Juan* ?

Et dois-je mettre les points sur les « i » en précisant que l'Europe institutionnelle, celle des appareils et de leurs règlements, je la respecte au nom de cet hier qui, par elle, et seulement par elle, pourra redevenir, un jour, un demain ?

Je ne dis pas non plus « cosmopolitisme ».

Je l'ai dit, bien sûr.

J'ai aimé retourner en source de fierté un signifiant qui, dans des temps pas si anciens, servit à jeter l'opprobre sur les miens.

Et j'ai commis jadis une apologie, contre « la France des terroirs, des bérets, des bourrées et des binious », d'un esprit cosmopolite qui me semblait le propre chemin de la liberté.

Mais, même si je ne renie pas cela et si l'esprit cocardier m'est aussi odieux aujourd'hui qu'il y a trente ans, j'en suis venu à penser qu'il y a dans ce mot quelque chose qui ne va pas.

Ce qui me gêne, avec le temps, c'est peut-être, et contre toute attente, le « polis » de « cosmopolite ».

Ce qui me trouble, dans ce « polis » où je continue de voir, bien entendu, comme chacun, le nom des grandes cités grecques et l'une des sources, en Occident, de l'invention démocratique moderne, c'est la résonance de ce que je suis tenté d'appeler, soudain, à l'instar de mon « idéologie française » d'il y a quarante ans, « l'idéologie grecque antique ».

Et, par « idéologie grecque antique », j'entends un triple piège dont la langue se souvient même quand nous, qui parlons, pensons l'avoir oublié.

Il y a la distinction, d'abord, entre les diverses manières d'habiter cette Polis : citoyens, métèques, esclaves affranchis possédant eux-mêmes des esclaves, demi ou quart d'esclaves ayant le droit d'être employés comme matelots – j'en passe ; je savais tout cela par cœur du temps de ma jeunesse hellénisante ; c'était aussi ça la Polis grecque ; c'était cette architecture sociale d'une complexité diabolique qui n'avait rien à envier à la brutalité du système des castes indien.

Il y a le fait, ensuite, que chaque Polis a ses cultes, ses prêtres et ses temples qui demeurent, en droit comme en fait, fermés aux habitants des autres Polis – le grand historien du XIXe siècle,

Ce que je crois

auteur de *La Cité antique*, Fustel de Coulanges, ne raconte-t-il pas qu'il était interdit aux Athéniens d'entrer dans le temple d'Héra à Argos ? aux Argiens de pénétrer dans celui d'Athéné ? et, les Lares, Pénates, Génies, Démons et Héros propres à chaque cité étant l'autre nom des âmes citoyennes « divinisées par la mort », n'est-ce pas tout naturellement que l'étranger, donc le ressortissant d'une Polis extérieure, était traité, non comme un autre sujet politique, jouissant d'une autre citoyenneté, mais comme un « barbare » ?

Et puis qu'en était-il enfin, dans ce paradigme antique, de cette troisième sorte d'« autre » qui n'est ni l'autre intérieur (métèque, esclave) ni l'autre extérieur (barbare, ennemi), mais l'autre des lisières ? que faisait-on des faubourgs ou, comme on dirait aujourd'hui, des banlieues de la Polis puis de la Ville romaine ? et quid d'un droit de cité qui, si on lit toujours Fustel racontant la naissance de Rome, s'arrête au sillon tracé par la charrue du fondateur légendaire ? Fustel a beau nous dire que Romulus était un « chef d'aventuriers ». Il a beau insister qu'il « s'est fait un peuple en appelant à lui des vagabonds et des voleurs ». Le fait est qu'il y a aussitôt eu la Rome intra-muros, érigée sur le mont Palatin, réservée aux anciens d'Albe la Longue, eux-mêmes héritiers de la noble lignée d'Enée – et que « le peuple des vagabonds et des voleurs » fut immédiatement cantonné, sur le mont Capitolin, dans le premier lieu du ban de l'histoire occidentale. Athènes, et la première Rome, modèles, alors, des grandes Républiques ? Archétypes, vraiment, de la Cité moderne ? Pour quelqu'un qui court le monde avec le projet de formuler, aussi, les principes d'une politique des bannis et qui, lorsqu'il revient, met haut la nécessité de reformuler les lois de l'hospitalité pour les migrants, il y a là, au cœur de la Cité antique selon Platon, Aristote, mais aussi Denys d'Halicarnasse et Dion Cassius, une autre source de méfiance.

Je dis méfiance.
Mais je ne dis pas détestation.
Car là où les choses se compliquent c'est qu'internationalisme, dans mon esprit, n'est pas non plus synonyme de rejet des Cités locales et, aujourd'hui, du modèle national.
Je n'ai que dégoût, bien sûr, pour la fièvre chauvine.
Et, comme Thomas Bernhard et d'autres, je tiens que le patriotisme est parfois la vertu des brutes.
Mais l'étrangeté de l'aventure dont on trouvera, dans ce livre, les derniers épisodes en date mais dont l'histoire court à travers ma vie, c'est qu'elle ne va pas non plus, dans certaines circonstances,

sans une certaine fierté de ce que Bernhard appelait, pour s'en moquer, « le pays des pères »...

Il y a les cas où, moi qui ne goûte pas plus les honneurs de l'académie que les toges de la science, qui n'ai jamais demandé ni reçu de mon pays la moindre médaille et qui ai fait une question de principe de ne jamais accepter de fonction officielle, je me suis retrouvé à mettre mon activisme internationaliste au service de la République française.

Ce furent, pendant la guerre de Bosnie, les deux coups de force, racontés dans *Le Lys et la Cendre*, mon Journal de l'époque, et qui firent qu'étant parvenu à exfiltrer le président bosniaque Alija Izetbegović de l'enfer de sa capitale assiégée et l'ayant fait venir à Paris, j'obtins, *à l'arrache*, qu'il fût reçu par son homologue François Mitterrand qui, lui, s'était invité à Sarajevo.

Ce furent, quelques années plus tard, au lendemain de la chute des talibans et de la mort du commandant Massoud que j'avais tout fait, mais cette fois en vain, pour conduire jusqu'au président Jacques Chirac, ces longs mois passés à squatter une ambassade de France déserte, à l'abandon, encore bombardée, mais qui était, tout de même, la France !

Ce sont ces huit commandants kurdes, rencontrés dans les tranchées face à Daech, et amenés,

S'il n'en reste qu'un

en grand uniforme peshmerga, sous les lambris de l'Elysée au temps de François Hollande.

C'est l'étrange position dans laquelle je me suis trouvé, l'année suivante, en Ukraine, quand j'ai accepté de représenter la France, aux côtés des présidents d'Allemagne, d'Ukraine et de Pologne, pour la commémoration du soixante-quinzième anniversaire du massacre des 33 000 Juifs ensevelis dans le sable des ravins de Babi Yar.

C'est la guerre de Libye, bien sûr, on me l'a assez reproché.

Et c'est, pour m'en tenir aux seuls textes que je présente ici, la satisfaction d'avoir, en marge de mes reportages, été le messager du président Macron saluant, ici, un demi-siècle d'indépendance du Bangladesh et annonçant, là, lors d'une conversation téléphonique mémorable, son soutien accru au général en chef de l'armée kurde du Rojava, Mazlum Kobane, assiégé dans son bunker et traqué par les drones d'Ankara.

L'homme qui murmure à l'oreille des présidents, avait dit un jour Benoît Duquesne en conclusion d'un « Complément d'enquête » censé raconter l'histoire de ma vie. Je n'ai pas aimé cette image. Elle dégageait un parfum de conspiration qui ne me ressemble pas. Et je me défie, comme disait Lawrence, de cette « tombe à fleur de sol » qu'est toujours, pour un écrivain, la soumission à un ordre politique. Mais c'était le reflet d'une réalité. Et au moins ce documentaire rendait-il compte de l'étrange jeu qu'il m'est arrivé de jouer et où, sans trop me demander qui se joue de qui et qui est instrumentalisé par quoi, j'ai tout de même choisi de servir mon pays.

D'autant qu'il y a les cas, plus nombreux encore, et plus singuliers, où je ne représente rien et ne suis investi par personne ; où nul, à Paris, n'est informé de mon déplacement et ne m'a confié la moindre mission ; où je n'ai d'autre mandat que celui que, par aberration, présomption ou, pour parler encore comme Mallarmé, divagation, je me suis souverainement octroyé ; mais où arrive toujours le moment où je me surprends, non seulement à parler au nom de la France, mais à ressentir une vraie joie quand j'ai le sentiment que mon acte s'en trouve renforcé ou, mieux, que ma divagation trouve un écho chez ceux auxquels elle s'adresse.

Ce jour, place Tahrir, à Benghazi, dans le feu de la révolution libyenne, où j'haranguai une foule arabe agitant des drapeaux dont certains étaient français.

La même scène, à Kiev, sur le Maidan, où l'on avait, quelques jours avant, tiré à balles réelles sur la foule mais où la foule était venue, plus nombreuse encore, entendre, en français, le salut d'un écrivain français.

La même scène, quinze ans plus tôt, à Vienne, sur cette place des Héros dont Thomas Bernhard avait donné le nom à son ultime pièce et où je vins, devant 200 000 jeunes, alors que l'extrême droite arrivait au pouvoir, témoigner de la solidarité d'un Français convaincu que la tolérance envers le fascisme est morte dans les camps de la mort.

Et d'autres encore, tant d'autres scènes, où le même motif s'est reproduit et où je me suis retrouvé, moi le Juif, le métèque, l'athée de toute communauté, à porter devant des foules sidérées, et qui n'en demandaient pas tant, le salut de mon pays.

L'homme qui se prend, non pour Napoléon, mais pour l'envoyé de la France...

Le plénipotentiaire perpétuel, et autoproclamé, d'une France qui ne m'a pas sonné et à qui je ne me prive pas, au retour, de dire ses vérités...

Et, dans des reportages destinés, avant toute chose, à donner une voix aux sans-voix et à braquer un mince faisceau de lumière sur une guerre oubliée ou une misère ignorée, ma façon de toujours trouver le moyen de m'adresser à cette France chargée de gloire et d'infamie, pleine de grâces mais aussi de torts : comme si je la pressais de dire si elle est encore capable d'Histoire

Ce que je crois

et si sa langue, sa grande langue, la langue de Descartes et Voltaire, de Sartre et de Malraux, est condamnée au provincialisme ou peut encore être une langue de la politique.

C'est absurde.

J'en souris moi-même.

Mais c'est ainsi.

J'aime la France.

J'aime qu'elle ait été grande.

J'aime qu'elle le soit encore.

Et si, par une de ces initiatives qui bousculent les diplomates et qui, à quelques exceptions près, me font détester d'eux, je peux faire écho à cette grandeur, eh bien je suis heureux.

J'insiste sur la France.

Lorsque je m'en vais plaider, dans des contrées lointaines, la cause de la liberté, de l'égalité et de la fraternité, il y a donc deux grandes scènes que j'ai en tête et qui sont, à mes yeux, l'étalon de la grandeur française : la France libre et la participation à l'aventure des Brigades internationales en Espagne.

Toutes deux ont, je l'ai dit, un puissant écho dans mon histoire familiale.

Toutes deux sont synonymes de vaillance et incarnent, pour cela, la plus grande quantité possible de noblesse en ce monde.

S'il n'en reste qu'un

Toutes deux ont aussi pour point commun d'avoir attiré des hommes simples et sans grade ; des enfants perdus de la République, souvent venus de nulle part ; des infortunés, disait François Villon, sans feu, sans lieu et sans aveu ; des métèques, dira le général de Gaulle à propos des premiers arrivés à l'Olympia Hall de Londres ; des goumiers et tabors marocains ; des Juifs, beaucoup de Juifs, intégrant, en décembre 1937, en Espagne, la seconde compagnie du bataillon Palafox des Brigades internationales et que l'on retrouvera, plus tard, après un passage par les camps français de Gurs et de Saint-Cyprien, dans les groupes de combat des FTP-MOI.

Mais je me rends surtout compte que, si je devais choisir entre les deux, si je ne pouvais, ce qu'à Dieu ne plaise, chérir qu'une, et une seulement, de ces deux confréries, il se produirait ceci : malgré tout ce que je sais de sa face d'ombre, malgré le soviétisme qui la gangrena, malgré l'élimination des poumistes et autres anarchistes par les agents du Komintern, malgré les témoignages d'Orwell, Koestler et Dos Passos, malgré Malraux lançant à Victor Serge qui avait mis la conversation sur le P.O.U.M. : « j'accepte les crimes de Staline» et malgré Victor Serge lui lançant alors le contenu de sa tasse à la figure, je sais que je chérirais, en premier, la confrérie espagnole.

Ce que je crois

Une triple raison à cela.

Je me demande, tout d'abord, si les historiens qui ont travaillé sur cette face sombre n'ont pas forcé le trait.

Les Brigades, après tout, ne furent-elles pas désavouées, dès le pacte germano-soviétique, par un Staline perdu dans le dédale de ses machinations et jugeant que la gloire, l'éclat et, aussi, l'imprévisibilité de ces Anciens finissaient par devenir gênants ?

Ne virent-elles pas leurs commandants purgés, à leur tour, par les agents d'un KGB qui ne voulait plus entendre parler, tout à coup, ni d'« artillerie de papier » ni d'« épopée sublime », les noms ronflants et beaux des opérations de propagande qui avaient été programmées par le Komintern ?

Et le cas d'André Marty, jugé responsable de cinq cents fusillés que ne confirment ni le témoignage d'Henri Rol-Tanguy, ni les travaux anciens de Jacques Delperrié de Bayac, ni ceux, plus récents, d'un Rémi Skoutelsky, est-il si clair qu'on a bien voulu le dire ? l'« inspecteur général » des Brigades, modèle de l'André Massart de *Pour qui sonne le glas*, méritait-il, vraiment, le terrible surnom de « boucher d'Albacete » ?

J'aime par ailleurs la belle mythologie que cette affaire, avant et après l'Espagne, aimante.

Sait-on par exemple que l'inventeur du modèle n'est autre, un siècle plus tôt, qu'un certain Lord

S'il n'en reste qu'un

Byron hanté par le « triste essai » des demi-solde des guerres napoléoniennes qui volèrent au secours de Simón Bolívar et adjurant le Comité philhellène de Londres de s'inspirer de cette démarche et de l'appliquer à la lutte des Grecs contre l'Empire turc ?

Et sait-on qu'André Malraux, hanté par l'exemple de Byron et conscient d'avoir exaucé son rêve en formant et commandant l'escadrille España, passa le reste de sa vie à tenter d'en rééditer l'exploit : une Brigade internationale, en 1949, avec Paul Nothomb, pour le Chili ; un autre projet, assez semblable, au moment de la crise de Suez et de la menace qu'elle fit peser sur l'existence du jeune Etat d'Israël ; et puis, bien sûr, cette Brigade internationale pour le Bangladesh dont il lança l'idée, au soir de sa vie, dans un ultime sursaut de fidélité à une jeunesse admirable et qui aura tant compté à l'aube de la mienne ?

Mais ce qui me fait le plus rêver dans cette histoire de Brigades c'est peut-être, au fond, le mot international – si je ne suis pas loin de les préférer, si aucune histoire critique n'est parvenue à entamer le respect que je leur voue, c'est parce que ce côté gens de toutes sortes et de toutes provenances, cette capacité qu'ont parfois les nations et, en particulier, la mienne à en dire

Ce que je crois

plus que leur langue et à s'adresser au monde, y sont plus prononcés que nulle part ailleurs.

La France libre, c'était l'armée des ombres.

C'était la radio anglaise écoutée, de Paris à Lyon en passant par les maquis d'Auvergne, dans la clandestinité et la fièvre.

C'était la beauté du départ pour Londres où des Juifs et des aristocrates de l'Action française allaient se découvrir et travailler ensemble à la renaissance de la France.

Mais c'était seulement la France.

C'était magnifique, c'était héroïque, mais il ne s'agissait, transcendée par la lutte contre le Mal nazi, que de la libération d'un pays.

Alors que les Brigades, c'était le monde.

C'étaient des cohortes de rêveurs et d'amateurs venus de toute la planète.

C'étaient les Tchécoslovaques Lise et Artur London, croisant la duchesse d'Atholl, l'excentrique Nancy Cunard et le fantasque Upton Sinclair.

C'étaient les Américains de la brigade Abraham Lincoln incorporant dans leurs rangs des Chypriotes, des Chiliens, des Mexicains et, selon Alejo Carpentier, quelques centaines de Cubains.

C'était l'Ukrainien Ilya Ehrenbourg, officiellement correspondant des *Izvestia* et même, diront certains, « le » grand reporter du XXe siècle,

S'il n'en reste qu'un

portraituré par Hemingway en condottiere rouge, faisant la guerre « pour son compte ».

C'étaient des unités serbes et croates.

Bataves et slaves.

C'était la brigade polonaise Dombrowski qui comptait autant de Biélorusses.

C'était la brigade Garibaldi qui montait au feu avec ceux de la centurie Thälmann.

Le bataillon 12 febbraio qui, comme son nom ne l'indique pas, était composé d'Autrichiens.

Le 1er bataillon Nueve Naciones qui, comme son nom, lui, l'indique, amalgamait des volontaires de neuf nations.

C'était la brigade Naftali Botwin, avec ses 135 fusiliers-voltigeurs juifs que l'ennemi appelait les diables rouges et qui recevaient leurs ordres en quatre langues.

Et c'étaient, pour la France, les volontaires de la colonne Libertad, commandés par des antifascistes italiens ; la centurie Commune de Paris où l'on trouvait aussi des Wallons équipés de fusils Remington anglais ; les Franco-Belges du bataillon Louise Michel ; le romancier anglais Ralph Fox et le poète John Cornford incorporés au bataillon La Marseillaise ; les va-nu-pieds ukrainiens de la compagnie Taras Shevchenko que l'on avait fournis, à Toulouse, en souliers, tricots et blousons ; c'était Henri Cartier-Bresson filmant les jeunes Yankees de la brigade Abraham Lincoln ; et c'étaient les cinq cents Algériens qui n'auraient laissé dire, pour rien au monde, que les « Moros » étaient tous du côté des franquistes et qui, comme Mohamed Belaïdi, le mitrailleur de l'escadrille André Malraux, mort dans le ciel de Teruel, dont on voit, dans *L'Espoir*, le cercueil recouvert d'un drapeau frappé du croissant musulman, se sont battus aux côtés des volontaires parisiens.

Les Brigades internationales, c'était tout cela.

C'étaient ces unités bohèmes et sans patrie que Largo Caballero ne parvint jamais à amalgamer complètement à l'armée régulière espagnole.

C'était cette arche de Noé, cette tour de Babel irrémédiable et, si j'ose dire, cette auberge espagnole où l'on parlait toutes les langues.

Les Brigades internationales, c'était le genre humain.

Et c'est parce qu'on n'y luttait ni pour soi, ni pour la France, ni même pour l'Espagne, que j'y vois, et que nous n'avons cessé d'y voir, avec Marc Roussel et Gilles Hertzog, mes deux compagnons d'équipée les plus constants, un sommet de grandeur et de fraternité.

Je veux m'arrêter sur Gilles Hertzog.

Car, si un reportage est souvent une aventure à plusieurs, si je suis redevable au travail photographique de Roussel et, plus anciennement, d'Alexis Duclos, si mes films doivent leurs images à des cameramen intrépides (Camille Lotteau, Olivier Jacquin, Ala Tayyeb) et même à un producteur (François Margolin) qui, pour trois d'entre eux, et contre tout usage, m'ont suivi sur le terrain, nul ne m'accompagne depuis si longtemps que Gilles ; aucun, depuis presque cinquante ans que mon autre grand ami, Jean-Paul Enthoven, me l'a présenté (fin 1974, je rentrais du Bangladesh, il sortait d'un chagrin d'amour et nous nous apprêtions, avec Michel Butel, à lancer le quotidien *L'Imprévu*), n'a été si étroitement mêlé à tant d'aventures de ma vie, en vérité presque toutes ; et il faut, à ce point, dire ce que je lui dois et qui il est.

Petit-fils du fondateur du Parti communiste français, Marcel Cachin, Gilles a vécu, comme moi, mais plus intimement que moi, les affres de la rupture avec la tradition communiste, ses crimes, ses rêves.

Et, ses parents ayant été parmi les fondateurs, pour le compte du Parti, de France-Navigation, la compagnie maritime chargée de transporter, depuis les ports de la Baltique jusqu'à Bilbao et Bordeaux, les « armes pour l'Espagne », il a, comme moi, grandi dans le culte de ce qu'il a appelé, dans le livre qu'il leur a consacré et

Ce que je crois

qu'il coécrivit, en 1984, avec le philosophe Dominique-Antoine Grisoni, les « brigades de la mer ».

Autant dire qu'il est bien né.

Etant entendu que bien né, dans ma bouche, ne veut pas dire né de la cuisse de Jupiter.

Ni avec, dans la bouche, je ne sais quelle cuillère d'argent.

Cela veut dire : exposé, dès l'origine, aux orages du temps.

Cela veut dire : requis, dès sa naissance, par la hantise de cet absolu vorace que fut la grande politique.

Et cela veut dire : informé, fût-ce au prix fort, fût-ce en ayant essuyé les torpilles du dogmatisme familial et les missiles de géniteurs qui furent parmi les derniers vrais staliniens de France, fût-ce en ayant subi les coups de faucille et de marteau de deux furieux qui le sommèrent, lorsque nous nous rencontrâmes, de choisir entre la « nouvelle philosophie » et le Parti – cela veut dire informé, donc, que l'Histoire existe, qu'elle est tragique et, souvent, sans issue.

Pour le reste, Gilles est l'un des personnages les plus romanesques que je connaisse.

Grande gigue à la voix forte et au rire trop sonore.

Hardiesse à toute épreuve.

Cœur tendre sous ses airs bravaches.

Capable de mourir d'amour et ne consentant à guérir que pour partir en Ethiopie ou au Rwanda. Le goût de la grandeur et de l'éclat.

Il apparaît, dans un de mes films, hochant sa belle tête, désormais marquée par quelques épreuves, tandis que je rédige un appel à la communauté internationale que je ferai endosser par un chef libyen – et il ne s'impatiente que lorsque, mettant dans la bouche du Libyen une allusion à la France Libre et à sa geste, je rechigne à ajouter deux majuscules à Français Libres.

Et cette crinière blanche qui fut, à elle seule, si souvent, dans des circonstances dont je dirai un jour le détail, une autre forme de son panache...

Ecrivant peu, mais parlant beaucoup, la légende le crédite de quelques beaux mots.

Ainsi celui, en pleine guerre de Bosnie, dans le grand amphithéâtre de la Sorbonne bondé comme en ses plus beaux jours, lancé à la face du ministre des Affaires étrangères, Alain Juppé, que j'avais invité, au nom d'Arte, à une discussion académique sur l'Europe et la culture : « Monsieur le Ministre de la Démission nationale, les morts de Bosnie vous saluent bien » – ce fut comme un cordon Bickford déclenchant l'une de ces broncas que l'on n'avait plus vues, là, depuis les chahuts de Mai 1968 ; le ministre, blême, dut plier bagages sous les hourvaris et les projectiles ;

Ce que je crois

et comme il ne connaissait pas mon Gilles et ignorait qu'il est rigoureusement incontrôlable quand l'essentiel lui paraît en jeu, il est convaincu jusqu'aujourd'hui que je lui ai tendu un piège et ne l'avais si courtoisement invité que pour mieux le laisser humilier par des Bosniaques et des Rwandais déchaînés.

Ou ce jour, veille de Noël, où nous avions décidé, mais à l'improviste, et sans avoir eu le temps d'en aviser nos proches, d'un énième départ en Bosnie : « et ta famille, et tes enfants ? lui demanda sa duchesse italienne d'épouse lorsqu'il lui annonça la chose depuis la cabine téléphonique de l'aéroport. As-tu pensé au Noël de ta famille, de tes enfants ? » ; à quoi, pressé par l'urgence du vol qui fermait, poussé dans ses retranchements et n'y voyant peut-être pas très clair lui-même, il répondit : « entre la Bosnie et la famille, je choisis aujourd'hui la Bosnie » ; et elle, aussi sec : « si c'est comme cela, je divorce » – ce qu'elle fit dès son retour, le plongeant dans un de ces chagrins d'amour dévastateurs dont il a le secret et le faisant se lancer, mais plus tard, et pour tenter de la reconquérir, dans la folle entreprise de devenir l'un des bons spécialistes de la peinture italienne et de Venise.

Peut-être avait-elle, pour réagir ainsi, d'autres raisons que je ne connais pas.

S'il n'en reste qu'un

Mais ce dont je suis sûr c'est que sa phrase à lui, son inversion de la formule camusienne « entre la justice et ma mère, je choisis ma mère », ne semblera choquante qu'aux aveugles du roman familial : elle avait quelque chose de la bravade des chevaliers courtois consumant leur existence à tenter de ne pas choisir entre leur dame de cœur et leur devoir ; c'est aussi ce qu'on appelait, autrefois, l'engagement ; ou, dans la langue de philosophes que ne prisaient guère les Hertzog-Cachin, la *responsabilité pour autrui*.

Car nul ne vit plus que lui dans le temps présent et nul n'a, autant que lui, le sens et le goût du beau passé.

Il n'a pas la télévision, mais connaît Chateaubriand sur le bout des doigts.

Il confond Google et Wikipédia, ne sait pas se servir d'Internet, mais il est incollable sur la rivalité historique des empires turc et russe.

Une chose, une seule, peut le distraire de nos combats : c'est cet amour de la peinture, pas seulement italienne, qu'il a également hérité d'une famille qui compta un impressionniste et en soutint quelques autres – et qui est un assez bon antidote à sa nostalgie des postures d'airain.

Car j'ai dit qu'il est né sans cuillère d'argent.

Ce n'est pas tout à fait exact.

Ce que je crois

Son père, époux de la redoutable députée Marcelle Cachin, ayant été le chirurgien attitré de ce que la Nomenklatura poststalinienne mondiale compta de grands malades et de morts vivants cramponnés à leur pouvoir, il a tout de même été riche.

Mais il s'est ruiné une première fois pour l'amour d'une femme qui n'était pas son genre : fidèle au principe qu'il a édicté une fois pour toutes et qui lui fait traiter sur le même pied ce que l'on appelait, chez Balzac, les courtisanes et les princesses, il l'a laissée le plumer consciencieusement.

Puis, une seconde fois, la définitive, parce qu'il avait refusé de signaler aux autorités de régulation financière les agissements d'une femme qu'il n'aimait pas mais qui était l'épouse d'un de nos amis : il ne supportait pas de la voir « accusée sans preuves » ; or, véritable Madoff en jupons, elle était en train de dilapider, jusqu'au dernier centime, le fruit de la vente des Pissarro, des Signac et des cliniques « rouges » que lui avaient légués, bien malgré eux, ses parents au cœur de pierre – « je n'aimais pas cet argent, me dit-il quand la Madoff fut démasquée... ni d'ailleurs aucun argent... on vit très bien de l'or du temps... »

La différence entre un aristocrate et un bourgeois est bien connue, même si elle est aujourd'hui très oubliée – elle tient, non à une particule, mais à un mot : le *désintéressement*.

Eh bien un homme capable d'être riche et démuni sans que rien ne change, en lui, de son élégance, de sa liberté, de sa vitalité, voilà un homme désintéressé.

Un homme qui fera toujours passer sa quiétude et sa carrière après le service d'une cause pour laquelle il est prêt à lutter jusqu'aux limites de son corps (la cause des enfants de Sarajevo ou des villageois du Darfour pourchassés par les cavaliers de Khartoum, celle des chrétiens du Nigeria ou des femmes kurdes dont les treillis cachent mal l'espoir d'une vraie maison et d'une vie), voilà un paladin.

Un homme capable de rêver, sans se lasser, devant un Tiepolo ou un Titien et d'en transmettre, soit dit en passant, la passion dévorante à son fils – et qui, du jour au lendemain, parce qu'il le faut, s'en va crapahuter à travers le désert, dans des jeeps puantes et brinquebalantes, entouré de combattants frustes qui ignorent tout de sa culture et de ses finesses, voilà un homme chevaleresque.

Tel est Gilles.

A la fois grand et petit frère.

Miraculeux dépositaire de mes doutes, de mes secrets et de mes attentes qui trouvent en lui,

Ce que je crois

chaque fois, une oreille ouverte et une bouche cousue.

L'homme qui, à la veille de notre dernier retour en Libye, désespérant de me convaincre que nous allions, il le pressentait, au-devant d'un péril plus sérieux qu'à l'accoutumée et qui prendra, de fait, la forme d'une embuscade, a fini par me lancer : « je te suivrai, même en enfer ; mais, cette fois, sache-le, je sens que ce sera dantesque » – et qui, parce qu'il est mon ami et qu'il est de ceux, rares, qui mettent l'amitié haut dans l'échelle des valeurs et des passions, a, de fait, toujours été là.

« Tout est commun entre amis », dit Hölderlin citant Aristote.

Pas vraiment tout, non, bien sûr.

Et, en tout cas, pas la lumière qu'il m'abandonne, au retour de nos périples, avec une générosité sans pareille.

Souvent, dans les amitiés littéraires, la lumière que l'un absorbe plus que l'autre altère la qualité de l'amitié : elle n'est rien, dans son cas, auprès de celle que nous partageons, à l'identique, dans le secret de nos épreuves et les ténèbres de notre quête.

Je plains ceux qui ne connaissent pas ce don du ciel qu'est un ami véritable, un ami pour toujours, un ami clair comme de l'eau de roche. Un ami.

Je récapitule.

Quand je dis internationalisme, je pense au monde – mais à condition qu'il ne soit plus ce terrain vague normalisé où, comme disait Pasolini, « plus on fuit et moins c'est différent ».

Je pense au cosmopolitisme – mais à condition d'inclure dans le « cosmos » les bannis de la « polis », ses étrangers, ses laissés-pour-compte, les incomptés, les infréquentables et infréquentés, les hors enceinte sacrée de la ville et, depuis qu'elle a supplanté la ville, de la nation et de l'Etat. Les Grecs auraient dit : les évincés, après les sacrifices, de la distribution des viandes. Ou : les interdits de propriété foncière, de vie démocratique sur l'Agora, de palestre. Ou les agents d'un grand remplacement que l'on soupçonnait déjà, à Athènes, de vouloir se substituer aux électeurs (Périclès, si favorable aux étrangers, n'aurait-il pas, selon Plutarque, fait vendre comme esclaves cinq mille métèques coupables d'avoir usurpé le titre de citoyens ?). Je garde, oui, le mot mais à condition d'y faire résonner les voix de ces exclus que l'on appelle, dans les démocraties d'aujourd'hui, les migrants, les immigrés, les étrangers du dehors et du dedans. Et, si je le conserve, c'est en ayant bien en tête qu'il y a, dans le monde, plus exclu encore : les foules de sans autel, sans panathénée et sans panégyrie du tout ; les multitudes de femmes, hommes et enfants, presque sans vie et destin, qui ne sont et ne seront jamais ni archontes, ni stratèges, ni même métèques ; et cela, car ils habitent des terres hors la loi où il n'y a pas de « polis » du tout.

Et puis cette Internationale de la liberté dont j'ai parfois le sentiment d'être, avec les reporters et les expatriés des ONG, parmi les derniers représentants, je n'ai jamais trouvé choquant qu'elle énonce ses commandements depuis une nation, voire en son nom et pour sa gloire – mais à condition que cette nation soit une Idée autant qu'un sol ; qu'elle s'emploie, comme toutes les idées, à dialoguer avec les autres idées de même sorte ; qu'un Européen, par exemple, se sente contraint, pour paraphraser encore Bernhard, de penser en français quand il parle allemand ou en allemand quand il parle français ; qu'elle se réclame, autrement dit, d'un Universel en extension plutôt que d'un génie local confit dans son identité ; et à condition qu'elle ait, par voie de conséquence, la capacité d'être plus vaste qu'elle-même, d'être grande pour un grand nombre d'hommes et de s'adresser, quoi qu'y objecte la physique des puissances petites et moyennes, au reste de l'espèce humaine.

Je ne dis pas que la tâche soit aisée.

S'il n'en reste qu'un

Ce désir de parler, non à la seule France, ou à la seule Europe, mais au monde, ce souci d'une justice idéalement appliquée, non à telle Cité ignorant ses métèques du dedans et du dehors, mais à toutes les Cités ainsi qu'à cette partie de la terre où l'on ne sait pas ce que Cité veut dire, cette façon de se vouloir partout chez soi, y compris là où triomphent les tyrans et où règne l'esprit de Ninive, je ne prétends pas que cela aille de soi.

Et c'est d'ailleurs sur ce projet qu'ont achoppé le christianisme des débuts avec son idée d'une *Ecclesia* rassemblant les hommes qui n'étaient plus ni juifs ni grecs ; puis les Lumières allemandes et françaises, avec leur concept d'un droit cosmopolitique valant sans acception de temps, de lieu, de circonstance ; et encore, avant cela, cette part occultée, et étrangement mal famée, de la pensée grecque qui donna corps au rêve, chez Diogène de Sinope et les cyniques, d'un homme d'autant plus proche des autres hommes qu'il serait « mendiant, vagabond, vivant au jour le jour, sans cité, sans maison, privé de patrie ».

Mais de même qu'il y a, selon Emmanuel Levinas, une facile et une difficile liberté, de même il y a peut-être une facile et une difficile lutte contre l'égoïsme et pour la justice.

Ce que je crois

La facile ? Celle qui commence et s'arrête à la porte de chez moi, dans ma relation avec des sujets qui me ressemblent et dont j'ai l'expérience sensible. Celle qui, chez Hegel citant Goethe, se gausse de l'homme qui « fait le grand » avec les lointains et se veut « miraculeux au monde », mais que « sa femme et son valet » rappellent à l'ordre : jouer sur le théâtre universel est une illusion ! c'est en privé, au plus près des siens, qu'un homme est lui-même et révèle sa grandeur ! l'étranger, le lointain, ne sauraient être son affaire ! Et celle qui, traduite en langue politique contemporaine, peut finir par se reconnaître dans cette pensée rance que l'on appelle, à gauche comme à droite, le souverainisme – quand ce n'est pas dans la parole de prétendu bon sens proférée par un bateleur politique du siècle dernier : « je préfère ma fille à ma cousine, ma cousine à ma voisine, ma voisine à mes compatriotes et mes compatriotes aux Européens » !

La difficile ? Celle qui sait repérer la bassesse à l'œuvre dans cette sentence benoîte et qui y oppose, terme à terme, la courageuse sagesse de Montesquieu : « si je savais quelque chose qui me fût utile et qui fût préjudiciable à ma famille, je le rejetterais de mon esprit ; si je savais quelque chose qui fût utile à ma famille et qui ne le fût pas à ma patrie, je chercherais à l'oublier ; si je savais quelque chose utile à ma patrie et qui fût préjudiciable à l'Europe et au genre humain, je le regarderais comme un crime ». Et celle qui, dès lors, m'attachant à l'Europe parce qu'elle est plus grande que la France, au monde parce qu'il est plus grand que l'Europe et à n'importe quel lieu pourvu que l'on y sente souffler, non pas l'esprit, mais les preuves de l'esprit, me relie à des femmes et hommes dont je n'ai qu'une idée vague, parfois abstraite, mais vers lesquels je me porte comme s'ils m'étaient aussi proches que des frères – celle qui soutient que la solidarité n'a pas de limite, que la justice n'est pas différente en deçà et au-delà d'une frontière souveraine et qu'il n'est pas plus insensé, même si je n'en ai pas de perception sensible, de sympathiser avec la parole d'un Bangladeshi, la demande de justice d'une femme iranienne dévoilée, les droits d'un Tibétain archaïque ou d'un cavalier kesselien, qu'avec le mal-être d'un jeune des quartiers ou le drame d'un chômeur en fin de droits dont la vie semble soudain confisquée.

Si je défends la seconde, si, au lieu de rester chez moi comme me l'enjoignait la Grand Peur en train de s'installer au moment où j'entreprenais cette nouvelle série de reportages, je me

Ce que je crois

suis porté là où vivent et meurent des peuples d'hommes qui n'ont pas de chez-soi où rester, si, au moment où l'on m'exhortait à m'isoler pour m'engager, à me retrancher pour être solidaire et, en un mot, à me confiner, j'ai persisté à aller à Lesbos et à Jessore, chez les Kurdes sans Etat, lâchés par les nations qui leur refusent le droit d'être nos frères, dans Mogadiscio la maudite, dans le Donbass abandonné, c'est sans doute par défi.

Mais c'est aussi parce qu'il me paraît relativement « facile », oui, de se rapprocher des siens, alors que communier avec des hommes lointains, dépeindre des visages qui ne vous ressemblent pas, les envisager dans leur diversité et multiplicité, même Lawrence d'Arabie dont Malraux disait que sa mémoire exceptionnelle conservait, des années après, le souvenir précis des lieux, des paysages ou de l'étincellement du soleil sur les neiges d'Edom, s'y est cassé les dents : pauvreté, déplore *Le Démon de l'Absolu*, des portraits dans les *Sept Piliers*! des personnages sans relief, réduits à des stéréotypes, sans âme ! et cette pénible impression que donne le livre d'« une tempête de sable gouvernée par des fantômes et qui n'ont plus qu'une identité d'étoiles » !

S'il n'en reste qu'un

Et si « facile » indispose, n'est-il pas patent que l'on est bien plus nombreux, aujourd'hui, à se soucier des victimes de l'injustice en Occident qu'à se rendre, de l'autre côté du monde, dans ces territoires de relégation que sont la Somalie, le Bangladesh, etc. ? et n'est-il de bonne économie, alors, tout simplement de bonne économie, que les femmes et hommes soucieux du bien public se divisent le travail et n'œuvrent pas tous de la même manière, avec les mêmes outils et au même lieu de l'Etre ?

Honneur, bien sûr, aux associations qui, à Lampedusa, Moria, Calais ou Roscoff, tendent la main aux interdits de panathénées et de distribution des viandes.

Soutien aux humanitaires qui, alors que je poursuivais ma tâche, se portaient au secours des nouveaux pauvres produits, suite à la pandémie, par la mise à l'arrêt des économies.

Et je n'ai d'ailleurs pas manqué, avec la même équipe qui venait de m'accompagner au Nigeria et en Syrie, d'aller, certains samedis, pour ma chronique hebdomadaire du *Point*, témoigner de la distribution de repas chauds, place de la République, à Paris.

Mais pourquoi, quand on le peut, quand on en a le goût, l'énergie et, bien sûr, les moyens logistiques et médiatiques, ne pas essayer de faire les deux ?

Pourquoi, là où il y a peu d'associations, ou pas du tout, ne pas tenter de répondre présent ?

Et que serait une Europe où il ne resterait plus de jeunes gens, demain, pour travailler à étendre sans limites le domaine de la fraternité et des droits ?

Je vois, à l'intérieur des cités démocratiques, la montée des injustices (et, aussi, des incivilités, des sauvageries, du racisme, de l'antisémitisme).

Mais j'observe, chez ceux que Fanon nommait les damnés de la terre, l'explosion d'une misère extrême ; l'inégalité, plus criante encore, face aux virus et aux effets dévastateurs des désordres du climat ; j'observe que la plus injuste des injustices, la mère de toutes les autres, c'est, plus que jamais, la contingence d'une naissance sous une latitude plutôt que sous une autre, dans un lieu clément de la planète plutôt que dans une de ses zones de malédiction ; sans parler de ceux qu'aucune nation ne reconnaît comme sujets de droit, dont nul ne veut savoir où ils sont nés et où ils mourront, et qui, en vertu d'un paradoxe qui n'a plus de mystère depuis Hannah Arendt et Giorgio Agamben, sont privés de droits de l'homme parce qu'ils ne sont, précisément, *que* des hommes.

S'il n'en reste qu'un

Là est une grande menace.

Jamais, à l'âge moderne, c'est-à-dire depuis que le monde s'est mondialisé, l'humanité n'a été si séparée d'elle-même et divisée.

Et jamais n'a été si monstrueusement contesté le principe fragile mais sacré, depuis les origines de l'Occident judéo-chrétien, de l'unité du genre humain.

Mon internationalisme, c'est une réponse à cela.

Je ne sais pas si c'est le juste mot, mais je n'en ai pas de meilleur pour dire la résistance à cet orage qui gronde au cœur de la civilisation.

Et cette série de reportages qui commença par une commande d'un grand magazine mais qui se poursuivit, contre vents et marées, par temps de pandémie et alors que le monde se refermait sur lui-même, avait également pour but de réaffirmer l'idée simple, mais en péril, que l'homme n'est pas une aventure locale ; qu'un homme, c'est aussi bien cet homme-ci que tous les hommes ; et que là est la grandeur de l'humanisme qu'il nous revient de réinventer cinquante ans après Michel Foucault et ses projets d'anthologie des vies brèves, des malheurs sans nombre et des infortunes jugées peu dignes d'attention.

Je peux le dire dans la langue de Mozart : je suis un écrivain qui, face à ce péril en la demeure

Ce que je crois

de l'humanité, et à l'inverse d'Alexandre rêvant, selon Don Juan, qu'il y eût d'autres mondes pour y pouvoir étendre ses conquêtes, rappelle qu'il n'y a qu'un monde, un seul, où doit se déployer l'empire des droits de l'homme.

Je peux le dire en Juif qui voit, comme le grand rabbin lituanien de la fin du XVIIIe et du début du XIXe, Haim de Volozhin, dans *L'Âme de la vie*, le monde se défaire, la Création se décréer et une sorte de big bang à l'envers envoyer dans le néant des masses d'hommes en trop – et qui s'assigne, alors, pour tâche de faire ce qui est en son pouvoir (prière, étude, mais, déjà, mots et « reportages ») pour empêcher que ne cèdent les poutres permettant à l'espèce humaine de vivre, sinon sous le même toit, du moins sous le même ciel.

Et je peux le dire, enfin, en écrivain qui a la nostalgie d'un espace, réel ou imaginaire peu importe, où les cavaliers de Kessel dialogueraient avec ceux de Malaparte, le *Village anatolien* de Mahmut Makal avec *Le Hameau* et *Le Domaine* de Faulkner, les personnages de **Rabindranath Tagore** que je découvris, il y a un **demi-siècle**, au Bengale avec ceux de Shelley ou d'*Hamlet*, l'Ubu de **Wole Soyinka** avec celui d'Alfred Jarry, l'Orphée de Strabon avec celui de Philip Glass, les jeunes filles de Jane Austen avec les possédés de

S'il n'en reste qu'un

Dostoïevski ou les suicidés de Mishima – tous ne sont-ils pas les facettes d'une humanité qu'une vraie pensée, une vraie générosité, une vraie métaphysique, ne peuvent concevoir comme séparée ?

3

L'art de la fugue

Mais ce n'est pas tout.

Et, puisque j'ai résolu d'être sincère, de retirer tous les masques et de ne pas me guinder dans les grands principes et les grands sentiments, il ne faut ni mentir, ni me taire, ni renier ce qui m'a libéré.

Il y eut, dans ma jeunesse, un autre livre important.

Je ne saurais dire, celui-là, si c'est pour moi seul qu'il compta ou pour ma génération.

Et je ne saurais dire non plus, avec autant de précision que pour *Les Damnés de la terre*, dans quelle circonstance je l'ai découvert : une copie de sa première édition, aux éditions du Sagittaire, dans la bibliothèque de ma mère ? sa réédition par Grasset, l'année de mon hypokhâgne ? plus tard ?

L'art de la fugue

Ce qui est sûr c'est que je l'ai en poche, tel un viatique, au moment de mon départ pour le Bangladesh, en 1971.

Et ce qui est sûr c'est que, même si je ne l'ai pas relu jusqu'aujourd'hui, il a flotté dans mon esprit pendant toutes ces années passées à faire le métier de reporter.

Ce livre s'appelait *Portrait de l'aventurier*.

Lecture croisée de Malraux, Lawrence et Ernst von Salomon, auteur des *Réprouvés* et l'un des assassins de Walter Rathenau, c'était un texte foutraque avec, « en guise de conclusion », une longue note biographique, dont on ne savait trop ce qu'elle faisait là, sur le chef militaire de la Commune de Paris, Louis Rossel – mais il était, lui aussi, préfacé par Sartre.

Et l'homme qui le signait était un étrange personnage, ami de Cocteau et de Gide, moins bon auteur que passeur, passant considérable tout de même, dandy for ever, homosexuel affiché, grand vivant, gaulliste de toujours, héros de la France Libre, deux fois emprisonné par Vichy et inconsolable de n'avoir pas été de l'épopée des Brigades internationales : Roger Stéphane.

Son nom ne dira plus grand-chose, lui non plus, à mes plus jeunes lecteurs.

Mais je l'ai un peu connu.

Ce que je crois

C'est lui qui avait voulu nous rencontrer, avec André Glucksmann, au moment du surgissement de la nouvelle philosophie.

Et je me souviens d'un déjeuner, chez lui, rue Ernest Psichari, dans un petit appartement grand genre où, chose peu courante chez les hommes de lettres, l'on était servi par un maître d'hôtel et où il avait passé deux heures à nous faire parler, avec la gourmandise de l'aîné qui attendait ce moment depuis trente ans, de nos itinéraires d'antitotalitaires venus de la gauche ; de notre rapport à Soljenitsyne ; des raisons pour lesquelles j'avais, dans *La Barbarie à visage humain*, qualifié l'auteur de *L'Archipel du Goulag* de « Dante de notre temps » ; de François Mitterrand, qu'il détestait ; du général de Gaulle, qu'il adulait ; et des mérites comparés, à notre avis, de l'émission de Bernard Pivot qui venait de nous lancer et de celle qu'il avait lui-même produite, quelques années plus tôt, au temps de l'ORTF.

Je l'ai quelquefois revu, jusqu'à son suicide en 1994.

C'est plutôt moi qui, alors, le faisais parler de Malraux, de Lawrence, des raisons pour lesquelles il dédouanait von Salomon d'un antisémitisme qui m'a toujours paru indiscutable ou des compagnons de la Libération dont il voulait faire une saga pour la télévision.

L'art de la fugue

J'aimais sa faconde, sa drôlerie, son côté homme d'action en nœud pap racontant qu'il avait libéré l'Hôtel de Ville comme Maurice Clavel Chartres et Hemingway le Ritz.

Et je le revoyais, à la fin, quand, malade, ruiné, poursuivi par les créanciers et le fisc, il venait encore au Récamier qui était, à Saint-Germain des Prés, la grande cantine où les éditeurs traitaient leurs écrivains les plus précieux et où Martin Cantegrit, le patron, quand il n'envoyait pas l'un de ses garçons le servir à domicile, continuait de lui réserver sa meilleure table et le faisait déjeuner à l'œil.

Bref, que disait *Portrait de l'aventurier*?

Il n'était pas vraiment cette *apologie* de l'aventurier que croient ceux qui ne l'ont pas lu ou qui, comme moi, l'ont lu il y a longtemps et vivaient sur son souvenir.

Et, dans le match de l'aventurier et du militant, c'est-à-dire dans le débat entre l'individualiste nietzschéen qui fait aussi son salut en prenant le parti des démunis et, face à lui, l'intellectuel discipliné qui s'efface derrière le parti et jamais, au grand jamais, ne viendra s'approprier les victoires du prolétariat, on ne sait trop lequel, *in fine*, l'emporte.

Mais tel est le destin de ces livres très particuliers que, depuis les surréalistes, on appelle les

Ce que je crois

livres cultes et qui ont le prodigieux pouvoir de changer la vie : l'histoire de leur lecture compte autant que ce qui y est écrit ; et ce qu'on leur a fait dire, la façon dont ils ont rayonné dans l'esprit des jeunes gens qui les ont découverts, la transvaluation des valeurs qui avaient cours dans leurs existences mais qui leur semblent soudain périmées ou, au contraire, exaltées, tout cela est plus important que ce qu'ils disent vraiment.

Portrait de l'aventurier était d'abord une invitation au voyage.
On nous enseignait, dans les khâgnes et les hypokhâgnes de l'époque, qu'il y avait deux sortes de voyage.
Le voyage selon Ulysse et le voyage selon Enée.
Le voyageur qui ne pense qu'à rentrer et celui qui ne fait que partir.
Celui qui se souvient d'Ithaque et celui qui ne sait pas qu'il va fonder Albe la Longue ni, encore moins, la Ville éternelle.
Celui dont le voyage est un retour vers une cité perdue et celui qui voyage vers une cité dont il ne sait pas qu'elle est promise.
Et cela était bien dit dans le chant II de *L'Enéide* où Hector apparaît en songe à Enée et lui révèle que son destin n'est pas, comme celui de l'Achéen Ulysse, dans un retour aux valeurs

domestiques mais dans une errance sans fin vers une terre inconnue.

C'est plutôt du second type que relevaient les aventures des personnages qui fascinaient Stéphane.

C'est lui qui anime Lawrence quand, jeune esthète et apprenti archéologue, il s'élance vers le désert.

C'est à lui que songe Malraux quand il met en scène des personnages partis à la recherche d'une voie royale qui apparaît sur les cartes comme une ligne sombre, striant une grande tache blanche elle-même parsemée de taches bleues correspondant à des villes mortes ou à d'anciens temples inexplorés.

C'est à lui que pense Joseph Conrad, l'un des modèles de Malraux et de Lawrence, quand, au début du *Cœur des ténèbres*, il raconte sa passion d'enfant pour les cartes et, sur les cartes, pour ces fameux « espaces blancs » indiquant les terres vierges dont le « délicieux mystère » nourrissait ses rêves de gloire et où il comptait bien, devenu grand, s'abîmer sans retour.

C'est encore lui qu'incarne le voyageur par excellence, l'homme aux semelles de vent, celui dont Stéphane sous-entendait qu'il fut le maître de tous les autres, le patron, Arthur Rimbaud : le voyage en enfer, plus exigeant qu'au bout de la

Ce que je crois

nuit... le « je sais aujourd'hui saluer la beauté » qui sonnait déjà comme un premier adieu... et puis se ruer, tout à coup, vers « les climats perdus » d'Aden, puis de Harar, dont il ne reviendra que pour mourir.

Et c'est lui que nous avions en tête, pour quelques-uns d'entre nous, dans cette adolescence décidément paradoxale où nous préparions nos concours armés du système philosophique le plus cohérent qu'ait produit la pensée française depuis longtemps – mais persuadés, en même temps, qu'il y avait, dans la génération de normaliens qui nous avait précédés, un destin respectable et un seul : celui, bien oublié, d'Achille Chiesa, promotion 1963, qui s'était fait remarquer lors du séminaire d'Althusser sur Lacan et qui avait renoncé à passer l'agrégation pour filer, on n'a jamais trop su pourquoi, peut-être juste attaché culturel, s'enterrer en Thaïlande...

Je me souviens d'un dîner, rue Payenne, avec Jean-Edern Hallier qui était son voisin, chez un écrivain dont je n'étais pas fou mais qui avait connu André Breton, participé à la redécouverte de Lautréamont, sillonné l'Italie en compagnie d'Henri Cartier-Bresson et inspiré un film, mixte d'*Easy Rider* et de *L'Enlèvement des Sabines,* où l'on voyait Alain Delon emmener Marianne Faithfull nue sur une moto : on ne lit plus beaucoup, aujourd'hui, André Pieyre de Mandiargues ; peu se souviennent de ses mains de bibliophile, de ses yeux, diaphanes comme des yeux de poulpe, qui lui déteignaient sur les joues et de son arrogance de grand seigneur méchant homme écrasant ses contemporains de ses jugements au trait d'acide ; et peu sont là pour évoquer, chez cet auteur délibérément mineur, l'amour de la littérature pure et le mépris, équivalent, de ce qu'il appelait la littéraille ; mais je me rappelle, comme si c'était hier, cette fin de dîner, dans le bel appartement de l'hôtel de Marle, qui donnait sur le musée Carnavalet, où il improvisa, face à une tablée recueillie, un commentaire éblouissant du poème de René Char qui me fut comme une révélation : « tu as bien fait de partir, Arthur Rimbaud ».

Je me souviens de nos conversations d'hypokhâgneux, à l'hiver 1966-1967, avec mon meilleur ami de l'époque, le futur éditeur Olivier Cohen.

Je me souviens du temps passé, entre la rue Saint-Jacques où était le lycée Louis-le-Grand et la station de métro de la place Saint-Michel où nous finissions par nous engouffrer, frigorifiés, quand venait l'heure où il fallait songer à rentrer, à discuter de la création, en 1921, par le surréaliste René Crevel, d'une revue mort-née qui s'appelait *Aventure* ; du mystérieux destin de cet autre surréaliste, presque sans œuvre, qu'était Arthur

Cravan et qui s'était perdu corps et biens dans le golfe de Tehuantepec au large du Mexique ; du *Trésor de la Sierra Madre* de B. Traven, autre prototype de l'aventurier à la Stéphane dont nous nous étonnions qu'il n'ait, à l'exception d'Antonin Artaud, pas plus intéressé que ça les surréalistes ; ou de ce malentendu scandaleux, injure à cet esprit d'aventure que nous mettions presque aussi haut que celui de la philosophie : tous les « journaux bourgeois » continuaient de voir en Pierre Mac Orlan, sous prétexte qu'il avait signé un *Petit Manuel du parfait aventurier*, et alors qu'il avait interviewé Mussolini en 1925, signé, en 1935, la pétition Henri Massis sur l'Ethiopie et fini, cinq ans plus tard, en thuriféraire et alibi de la collaboration, l'un des maîtres du genre !

Je me souviens – je me suis récemment avisé que lui, Olivier Cohen, s'en souvient encore plus précisément que moi ! – de la fugue que je fis, cette année-là, dans une tentative pathétique pour fuir (Rimbaud encore) « la sottise des poètes de Paris », le « ronronnement d'abeille stérile » des révolutions en chambre et l'atmosphère déjà confinée prévalant dans « les estaminets des pisse-lyres » : un train de nuit pour Marseille ; une place sur un cargo en partance pour Tanger ; *Les Secrets de la mer Rouge* d'Henry de Monfreid, autre auteur pas très tendance, plein la tête ; le vertige

L'art de la fugue

d'oser cela ; le sentiment d'une transgression faramineuse ; l'interception, quelques heures avant l'embarquement, par les autorités du port alertées par ma famille ; et le retour piteux à Louis-le-Grand où il fallut répondre aux questions, affronter les regards et vivre avec la honte et la fierté de cette aventure avortée.

Et puis il y eut, bien sûr, quelques années plus tard encore, le jour où je suis allé, pour de bon, « sur la grande route sèche et poussiéreuse », étreindre « la réalité rugueuse » du Bangladesh. Ce n'était toujours pas l'appareillage de Lawrence et de Rimbaud. Ni, peut-être, celui de Nizan pour Aden. Mais je partis sans vrai plan de retour, en rupture avec mes universités, ma carrière de professeur toute tracée et, encore, ma famille. Et j'allai, après la guerre de libération, passer quelques mois, à Dacca, dans le chaos d'un pays nouvellement créé et de son Etat en construction, à me mêler de planification, de puits à creuser, d'enfants dénutris à sauver et, aussi, du sort des dizaines de milliers de jeunes femmes qu'avaient violées, pendant la guerre, les soudards de l'armée pakistanaise et que je suggérai au premier Premier ministre du pays de traiter, non en damnées ou en parias, mais en Birangona, en héroïnes de la nation – tout cela est raconté, en détail, dans le film documentaire qui, lui aussi, est né de cette suite de reportages.

Ce que je crois

Alors le temps, bien sûr, a passé.

Je ne suis plus ce jeune homme capable de passer des mois loin de tout, sans téléphone, sans argent, communiquant avec ses proches par lettres-enveloppes « Air Mail » ultra-légères qui mettaient huit jours à arriver et adopté par une famille musulmane du quartier de Segun Bagicha dont j'ai retrouvé le fils aîné, aujourd'hui ingénieur informatique retraité en Californie, qui a repris contact après avoir vu, sur les réseaux sociaux, l'an dernier, des images du retour à Jessore du « vétéran Bernard-Henri Lévy »...

Et je fais, désormais, des voyages et, surtout, des reportages mieux cadrés, limités dans le temps, accompagnés par des fixeurs et avec, constamment présente à l'esprit, l'idée de l'article à écrire.

Mais il y a, dans la part d'improvisation que je me laisse toujours, dans la promptitude que j'ai, une fois sur le terrain, à profiter de la moindre circonstance pour prendre la tangente et quitter les chemins que j'ai, par avance, plus ou moins balisés, il y a, dans l'excitation que je ressens à l'idée d'être l'un des rares, depuis le départ des forces américaines, à se risquer encore dans ce *no man's land* qu'est devenue Mogadiscio et il y a dans la joie douloureuse que j'éprouve à m'enterrer, plusieurs jours durant, dans les tranchées fétides de Donetsk et de Louhansk, un reste de mes rêves de jeunesse, la nostalgie du grand voyage et, inentamé, comme au temps où je découvrais *Portrait de l'aventurier*, le goût des terres inconnues.

Je me souviens d'une conversation, à la fin de l'été 2000, avec Edwy Plenel, alors directeur de la rédaction du *Monde*, à qui je proposai une série sur les guerres oubliées.

Il n'aimait pas trop l'idée qu'il pût exister des guerres que le grand quotidien national de référence aurait « oubliées ».

Et il allait me falloir quelques jours pour démontrer à son directeur, Jean-Marie Colombani, et à lui, documentation et pièces à l'appui, qu'il existait pourtant bien des guerres, et même de longues guerres, dont les morts se comptaient par centaines de milliers et auxquelles leur journal n'avait consacré, depuis des années, que des dépêches.

Des guerres apparemment absurdes...

Des guerres sans promesse, sans cohérence et sans épiphanie...

Des guerres passées au travers de tous les grands récits pourvoyeurs de sens et qui semblaient, du coup, sans but, sans enjeu idéologique, sans mémoire alors qu'elles duraient parfois depuis des décennies, sans issue...

Ce que je crois

Mais il y a un argument qui, ce soir-là, emporta la conviction de l'admirateur de Conrad et, surtout, de Traven que cet ancien trotskiste était aussi.

Tu te souviens, lui dis-je, de ces fameux « blancs de la carte » où les aventuriers de jadis voulaient être les premiers et, parfois, les derniers à se rendre ?

Et tu connais, n'est-ce pas, le discours convenu sur le temps du monde fini qui commence, la disparition de ses terres inconnues et l'arraisonnement de la planète par la toute-puissante technique et par l'estampe ?

Eh bien, ce que je nomme les guerres oubliées, c'est la métaphore de cela.

C'est l'équivalent, non géographique, mais politique et moral, de ces blancs sur la carte.

Car qu'est-ce qu'un reportage de cette sorte sinon une plongée dans l'inconnu ?

N'y remonte-t-on pas, non plus des fleuves serpents comme chez Conrad, mais des routes serpents s'enfonçant dans des ténèbres où il n'y a plus que ruines, morts, et corps inquiets de femmes et d'hommes en quête de survie ?

Et Marlow, et Claude Vannec, n'iraient-ils pas à la rencontre, de nos jours, de ces sauvages d'une autre sorte qui, non contents de supplicier les damnés d'Angola, du Burundi, des régions du Sri Lanka sous contrôle des Tigres noirs et de leurs régiments d'enfants-soldats, de la Colombie ou des monts Nouba, font peser sur leur martyre une chape de plomb et de silence ?

Aujourd'hui, 2021, nous n'en sommes même plus là.

Sans parler d'aventure, de blancs sur la carte ou d'Enée *versus* Ulysse, c'est l'art du reportage en tant que tel qui tend à disparaître.

Et l'époque, prise entre la folie consumériste d'hier et le repli sur soi écologique de demain, ne semble laisser le choix à ceux qui ont encore le goût, non seulement du reportage, mais simplement du voyage qu'entre deux attitudes.

Les voyages formatés, d'un côté, par des *tour operators* inventant le tourisme des monuments, le tourisme du sexe, le tourisme du repos, parfois le tourisme journalistique.

Et puis, de l'autre, la petite musique, en train de devenir fanfare, qui, pandémie oblige, identifie l'acte de voyager au plus sale, au plus dégoûtant, au plus polluant, au plus anti-nature, au plus empreinte carbone, au plus inconvenant, au plus inconscient, des gestes que peuvent accomplir les hommes d'aujourd'hui.

Eh bien raison de plus.

C'est avec d'autant plus de détermination que je m'oppose, dans ce cas, aux chantres de la guerre aux avions et du retour de chacun à la niche.

C'est avec un enthousiasme redoublé par l'exigence de justice et de fraternité internationaliste que je défie les nouveaux égoïstes, donc les nouveaux réactionnaires, qui voient le voyageur, Ulysse et Enée confondus, comme un fat, un criminel contre le climat et contre l'humanité, un déviant à l'ordre sanitaire mondial, bref quelqu'un qui, en tout, déroge à la nouvelle pensée droite.

Et, de même que Mallarmé s'exclamait « on a touché au vers », je fais aussi des reportages pour alerter : on a touché au voyage ! on attente, non seulement au devoir sacré d'aller vers les affligés, les damnés, les sacrifiés, mais aussi au beau droit, pour chacun, d'aller, venir, revenir ou ne pas revenir, s'aventurer dans le voyage ! et s'il y a là, vraiment, une déviance, si l'on tient à y voir un écart et même une pollution, eh bien j'accepte d'être de ces pollueurs qui abandonnent, sur les bords de la route, non leurs emballages de plastique et leurs animaux de compagnie, mais leur confort – et je dis : « j'aime le voyage ; je l'aime, bref ou long, avec ou sans projet de retour ; j'aime l'irresponsabilité de ce sujet fragile, désamarré, perpétuellement étonné et, comme disait mon vieux camarade Michel Le Bris, étonnant, qu'est le vrai voyageur ! ».

Celui qui change son lieu, change son « Mazal », dit le Talmud.

Celui qui change son astre, littéralement son étoile, ou la disposition des étoiles au-dessus de sa tête, peut, à l'inverse de ce que croient les idolâtres, conjurer son propre destin.

Et il s'engage, confirmera, à l'aube de son départ pour l'Afrique, Michel Leiris rivalisant avec Josué en train d'arrêter le soleil, dans une aventure poétique dont l'enjeu sera, en parcourant l'espace, de contrarier jusqu'à la courbe du temps.

C'est aussi cela, la beauté des voyages.

C'est aussi là, en sus du devoir de fraternité, l'une de leurs éminentes vertus.

C'est la circonstance, par excellence, où l'on se déprend de soi, où l'on s'allège de son importance et où l'on a une chance, une petite chance, de s'étrangéiser et de devenir un peu un autre.

C'est le moment où Claudel, face aux pagodes chinoises et aux torii japonais, n'est plus « Son Excellence l'Ambassadeur » ; rompt avec ce poète bourgeois, replet, conservateur, qu'il est aussi ; et, cédant à son propre génie, devient fou comme Tête d'Or, fou comme Rodrigue hurlant, à la fin du *Soulier de satin*, « délivrance aux âmes

Ce que je crois

captives ! », fou comme l'amour fou du *Partage de midi*.

C'est le moment où le Perken de Malraux demande au médecin anglais de *La Voie royale*, dans les mêmes mots, ou presque, que Lingard dans *La Rescousse* de Conrad, « avez-vous entendu parler de Perken ? » et s'aperçoit, à la tête que fait le médecin, qu'il n'est plus, ici, rien ni personne ; que nul ne le connaît, ne le reconnaît, ne l'envisage ; qu'il a perdu tout statut, toute distinction et toute garantie de sécurité ; qu'on écorche son nom ; qu'on écorne sa dignité ; qu'on le bouscule ; qu'on le regarde, lorsqu'il passe, soit avec indifférence, soit avec un air d'hostilité vague mais que ne lui vaut plus ni son nom singulier ni sa réputation, mais celle du pays auquel on l'identifie plus ou moins ; bref, qu'il est coupé, comme Tête d'Or encore, du « personnage qu'il fait dans le monde ».

Et, quant à l'écrivain-reporter qui met un point d'honneur à ne jamais se déguiser et qui refuse de porter, pour « s'adapter » et se sentir « plus à l'aise », une veste crème et un pantalon multipoche de même teinte, quant au voyageur engagé qui entend n'être ni le fonctionnaire de son journal ni le colon de service croyant s'être mis à l'unisson et à la portée d'autrui, le voici qui découvre que ses boussoles intérieures

L'art de la fugue

s'affolent, que ses habitudes et certitudes ne lui servent plus à rien – le voici, sous la pluie qui détrempe ou dans la poussière qui blanchit, sous les vents qui rendent fou ou dans une tempête de sable où l'on ne voit pas à un mètre devant soi, le voici à l'arrière d'un pick-up Toyota cahotant et dont le pot d'échappement l'aveugle : il respire ; il renaît ; il n'est resté le même que pour découvrir à quel point il pouvait devenir un autre ; c'est le moment d'une subjectivation voyageuse où, en même temps que l'expérience de sa fragilité, il fait le deuil de la connaissance qu'il avait de soi ; et l'on ne saurait mieux dire adieu à ce Narcisse couronné qui est le vrai roi de l'époque.

On the road, disaient Kerouac et ses anges vagabonds.

On the road, disait Thomas Lawrence à sa moto Brough Superior.

Sur la route, avait dit Chateaubriand, premier de cette belle lignée de voyageurs littéraires revenant des lointains avec, dans ses bagages, *Atala* et ses nocturnes indiens.

Sur la route, vers l'Est toute, hurlait encore Tête d'Or, ce conquérant shakespearien mais, surtout, rimbaldien, qui, bien mieux que les bondieuseries convenues sur le christianisme sauvage des *Illuminations*, est le vrai point de contact entre

Ce que je crois

Claudel et le marcheur forcené, piéton de toutes les routes et vagabond définitif, qu'était Arthur Rimbaud.

Et Cendrars, après tout !

Et Baudelaire, perpétuel enfant amoureux de cartes et estampes qui l'emmenaient déjà loin du « noir océan » des « immenses » cités : « emporte-moi, wagon ! enlève-moi, frégate ! »

Et Aragon, éternellement fidèle au jeune homme qu'il fut au temps où, avec André Breton, il découvrait Rimbaud et Lautréamont – cette belle apostrophe, rageuse et mystérieuse, prêtée à l'un des personnages des *Voyageurs de l'impériale* : « les gens sont les mêmes partout – une perpétuelle raison de fuir » !

C'est cela que, chacun dans leur langue, ils voulaient dire.

C'est cette puissance du voyage comme art du décentrement de soi, du déclassement et de la transformation du monde en un espace offert, non seulement au travail de la pensée, mais aux gestes et actes du corps.

C'est cette trace infime d'un seul, perdu dans l'immensité d'un monde moins fini et moins rond qu'il n'y paraissait.

C'est cette magie qui fait que l'on ne se découvre et connaît, en voyage, que lorsqu'on ne se reconnaît plus.

L'art de la fugue

C'est cette école d'humilité.

Et c'est parce que cette école, déjà bien mal en point, finit de s'écrouler sous les coups de l'assignation sanitaire mondiale pour cause de coronavirus, que j'ai décidé, à 72 ans, comme je l'ai fait toute ma vie, de reprendre la route.

4

Autoportrait de l'aventurier

Mais le livre de Roger Stéphane faisait vibrer en moi une deuxième corde : il était une invitation à l'action.

Ses écrivains (Malraux... Lawrence...) ne sont ni les seuls ni les premiers de leur espèce.

Et, sans parler des écrivains chefs de guerre (Laclos), marchands d'armes (Beaumarchais), condottieri (d'Annunzio), sans parler des soldats sachant écrire (de Gaulle), couronnés par les plus hautes distinctions littéraires (Winston Churchill), ou ignorant eux-mêmes s'ils sont homme d'armes ou mémorialiste (César), tombeur de Carthage ou historien de Rome (Caton l'Ancien), auteur de la bataille de Fontenoy ou d'un traité d'art militaire posthume au titre rousseauiste (Maurice de Saxe, *Mes rêveries*), l'histoire de la philosophie elle-même, la plus abstraite, la plus spéculative et la plus classique de ses histoires, est peuplée de gens qui pensaient comme on fait la guerre et furent, dans la vraie vie, d'authentiques hommes d'action.

Le cas le plus emblématique est celui du Platon de la *Lettre VII* proposant ses services au tyran de Syracuse et dont notre professeur d'hypokhâgne, François Chatelet, nous expliquait qu'il valait bien celui des *Lois*.

Puis, il y eut Aristote réalisant le rêve de Platon lorsqu'il devint précepteur d'Alexandre et lui confia un exemplaire annoté de *L'Iliade* que le jeune conquérant gardera, toute sa vie, avec son épée, près de son lit.

Puis Leibniz, diplomate et espion au service des princes allemands.

Ou Descartes que l'on a bien tort de réduire à un esprit sec, occupé à des ratiocinations sur le cogito, la méthode, la dioptrique ou les passions de l'âme – il existe un autre Descartes, nous expliquait encore Chatelet sur un ton de révérence où pointait la nostalgie, qui se bat en duel ; qui s'engage, jeune cavalier, au début de la guerre de Trente Ans, dans différentes armées d'Europe ; qui admire les talents militaires du prince de Nassau et parfait sa culture scientifique dans l'école de guerre que celui-ci a fondée ; qui voyage en Bavière et en Italie, en Suède et en Moravie ; qui se bat, sur le bateau qui le ramène en Hollande, avec des mariniers qui veulent le dépouiller et le tuer ; qui a peut-être lu *Don Quichotte* ; et qui vit l'aventure philosophique comme une bataille, une *charge*, requérant autant de bravoure que de sagesse et dont il lui arrive de dire qu'il trouve le modèle dans la témérité des Decies, ces héros de l'Antiquité romaine, célébrés par Tite-Live, qui se jetaient « au travers » des lignes ennemies dans l'espoir, soit de vaincre, soit de mourir couverts de gloire.

Philosophes ou écrivains, il y a beaucoup d'hommes de plume, somme toute, qui ont eu la tentation d'être aussi des hommes d'armes – ou qui, s'ils n'en ont pas eu la tentation, y ont été contraints par leur temps.

Mais ce qui caractérise les écrivains de *Portrait de l'aventurier* ce n'est pas qu'ils aient fait ceci *et* cela, qu'ils fussent écrivains et, par choix ou par force, *aussi* aventuriers, ce n'est pas qu'ils aient accordé une *égale* dignité, comme Thucydide ou Polybe, à l'écriture et à l'action – ce qui les singularise c'est qu'ils ont eu la tentation de tout renverser, de tout transvaluer et de donner, pour la première fois, le *primat* à ce qu'ils accomplissaient sur ce qu'ils écrivaient.

Malraux, en Espagne, pense vraiment, à en croire le témoignage, que j'avais recueilli pour *Les Aventures de la liberté*, de son compagnon d'armes

Autoportrait de l'aventurier

Paul Nothomb, qu'organiser et commander une escadrille est plus important qu'écrire *L'Espoir*.

Lawrence est convaincu que rien ne compte davantage que de participer à une grande révolte arabe et de défaire, à la tête d'un contingent très inférieur en nombre, une armée de 50 000 Turcs ; et, quand il entreprend de donner, avec *Les Sept Piliers de la sagesse*, la relation de ces hauts faits, c'est du bout des doigts, en commençant par perdre, à la Noël 1919, dans un changement de train, la première version de son manuscrit ; puis, six ans plus tard, Enée devenu Ulysse et contraint au retour, cette invraisemblable coquetterie qui, lorsqu'il se réengage dans la RAF, le fait se déclarer... « administrativement illettré » !

Ernst von Salomon, jusqu'à la parution, après la Seconde Guerre mondiale, du *Questionnaire*, semble attacher plus de prix à ses travaux d'employé d'assurance, d'agent de change ou de banquier qu'à son destin d'homme de lettres.

Quant à Rimbaud, dont l'ombre planait sur le livre, son adieu aux mots, son renoncement à la poésie, sa décision d'aller cacher sa jeune renommée sous le déguisement qui avait le plus de chance de l'effacer tout à fait ou, au contraire, comme le pensait Claudel, de la rehausser par une légende contraire, allèrent, comme on sait, jusqu'à se faire, l'« œil furieux », la « peau

Ce que je crois

sombre » et le corps durci comme du « fer », marchand d'esclaves et d'armes.

Sans parler d'un dernier nom dont je m'étais étonné, lors de notre première rencontre de la rue Ernest Psichari, que Stéphane ne le mentionnât pas alors qu'il me paraissait évident que, non seulement son compatriote Lawrence, mais Malraux et même Rimbaud l'avaient nécessairement en mémoire : Byron ! oui, Byron quittant Venise et ses délices pour, le 12 février 1823, aller se battre en Grèce... Byron forçant le blocus turc pour, quelques semaines plus tard, en grand uniforme de colonel de l'armée anglaise, casque gravé à ses armoiries, arriver dans la rade de Missolonghi... Byron qui répare les fortifications de la ville, lève une armée privée, achète des armes, fait venir des canons, forme des artilleurs... Byron qui, sorte de généralissime des armées de la Grèce libre, passe le plus clair de son temps, dans sa maison de terre puant la vase, les rats morts et les fièvres, à distribuer ses bataillons entre les fronts de Vonitza, Arta, Agrapha, Copernitza... Byron se réservant, entre tous ces combats, une nouvelle bataille de Lépante, oui, Lépante, comme l'autre, la grande, celle qui donna le coup d'arrêt, deux siècles et demi plus tôt, à l'expansionnisme ottoman en Europe et dont la réédition devait être son chef-d'œuvre... Byron à qui l'assemblée des chefs

Autoportrait de l'aventurier

Metaxa, Colocotroni, Mavrocordato et Odysseus propose, dans les dernières semaines de sa vie, les pleins pouvoirs civils et militaires et qui, s'il n'avait été terrassé par sa dernière fièvre, aurait visiblement accepté... Byron, l'homme qui faillit donc être roi et à qui revient ainsi, un demi-siècle avant Kipling, un siècle avant Edmund Musgrave Barttelot, l'officier fou qui fut de l'expédition partie à la recherche d'Emin Pacha et qui servira de modèle au Kurtz du *Cœur des ténèbres*, un quart de siècle avant James Brooke, rajah de Sarawak, à Bornéo, qui inspirera *Lord Jim*, avant Perken, bien sûr, héros de *La Voie royale*, avant David de Mayrena, héros et modèle du jeune Malraux qui consacre de belles pages des *Antimémoires* à son itinéraire de conquistador spahi, parti pour la Cochinchine et devenu roi des Sedangs – Byron, donc, qui fut, avant tout le monde, le prototype de cet aventurier-roi qui, ne serait-ce qu'à cause de lui, Byron, devrait avoir autant de prix que le philosophe-roi dans la galerie des glaces de la conscience européenne... et Byron qui écrit, dans une lettre à son ami, le poète irlandais Thomas Moore, que, si « la fortune le lui permet » et qu'il vit « dix ans de plus », il consacrera ce temps, non à la littérature qui « n'est rien » et dont il ne « pense plus qu'elle fût sa vocation », mais à sa nouvelle vocation de roi sans couronne.

Ce que je crois

Alors tout cela, bien sûr, ce n'est pas moi.

Sans aller jusqu'à penser, comme Gide dans la scène fameuse, rapportée par Léon Blum, où Bernard Lazare vient le convaincre d'entrer dans la campagne pour Dreyfus, qu'il n'y a « rien au-dessus de la littérature », je mets la littérature très haut.

Et, dans le grand débat qui divise le monde grec (lequel, d'Achille ou d'Homère, du héros ou de l'aède, de la geste accomplie ou de sa relation littéraire, contribue le plus à la grandeur des hommes ?), dans la querelle intime dont on sait par Malraux que Lawrence ne l'a jamais vraiment arbitrée (pour sortir de la nuit des hommes obscurs, pour qu'un acte laisse quelque trace dans la mémoire des hommes, vaut-il mieux être Alexandre ou Plutarque ou même Quinte-Curce ?), ma réponse a toujours été : l'aède, bien sûr ; la littérature, sans aucun doute ; car pas de mémoire sans livre ; pas de Coriolan sans Plutarque ; et raison pour laquelle, ayant le privilège d'être écrivain, je me suis empressé, après la guerre de Bosnie par exemple, puis après celle de Libye, de publier moi-même, non seulement mon journal (*Le Lys et la Cendre* et *La Guerre sans l'aimer*) mais sa version filmée (*Bosna !* et *Le Serment de Tobrouk*) ; sans doute prenais-je le risque, ce faisant, de céder à ce que Michel Butel appelait, pour s'en moquer, « le syndrome de la cithare » (cette scène de *L'Iliade* où Achille est dans sa tente et où, sous les yeux émerveillés de Patrocle, assis dans l'ombre, non loin de lui, il entreprend de chanter lui-même la geste des Achéens et la sienne) – mais au moins le dernier mot revenait-il à la littérature.

Mais en même temps...
Comment ne pas admettre, en même temps, que les choses sont, derechef, plus complexes et qu'il y a là une dialectique où l'on n'en finit jamais d'osciller entre les deux positions ?
Comment ne pas confesser que, lorsque je rassemble, dans une ferme perdue des environs de Benghazi, des chefs de tribu venus de toute la Libye et que je leur fais endosser un « Appel », griffonné sur les pages de garde d'une édition de poche d'un recueil de poèmes d'Aragon, j'ai aussi le paradigme Stéphane en tête ?
Et, quand je ramène à Paris tel chef de guerre, quand je suggère de transformer telle route du Djebel Nafoussa en piste d'atterrissage pour livraisons d'armes clandestines ou quand je dessine sur une nappe de cafeteria le plan d'attaque de Tripoli à partir de Misrata, mes adversaires sont-ils trop ignorants pour n'avoir pas songé à me

Ce que je crois

reprendre sur cette façon que j'ai de mimer, non pas Malraux, mais l'aventurier de Missolonghi ?

J'ai, dans une vie qui commence à être longue, tourné plusieurs films et fait beaucoup de reportages.

Certains furent plus fouillés que d'autres.

En Afghanistan, missionné par le président Jacques Chirac, j'ai passé plusieurs mois alors que je me suis contenté, deux ans plus tôt, de quelques jours en Angola.

Au Pakistan, pour enquêter sur la mort de Daniel Pearl, j'ai fait de nombreux séjours, tous assez longs, tandis que, quinze ans plus tôt, je n'ai pas jugé utile de rester plus d'une nuit à Harar, en Ethiopie, où une mauvaise littérature m'avait vendu la prétendue maison de Rimbaud.

En Israël, j'ai pris le temps de voir la guerre s'approcher, à bas bruit, comme un vent de printemps et, dans la forêt de Tenga, au Burundi, elle m'est tombée dessus comme une foudre.

J'ai cherché les morts au Darfour et je les ai, au Sri Lanka, trouvés quand je ne les cherchais pas.

En Bosnie, j'ai passé plusieurs hivers successifs alors qu'en Arménie, pendant la guerre du Haut-Karabakh, je n'ai pas eu le temps de me rendre.

Et, quand je relis mes huit reportages d'aujourd'hui, je distingue sans difficulté telle situation (le Kurdistan syrien) où j'ai vérifié, quitte à m'y prendre à deux fois, l'observation de Vigny estimant, dans son *Journal*, qu'« un seul coup d'œil vous révèle un pays ». Telle autre (le camp de Moria, à Lesbos) où j'ai eu besoin, pour comprendre, non seulement de m'attarder, mais de revenir. Telle autre (la Libye) à laquelle j'ai accordé, embuscade oblige, moins de temps que ne semblait le requérir la tragique situation où se trouvait le pays tandis qu'ailleurs (le Kurdistan d'Irak) je me suis un peu éternisé alors que le cas ne méritait plus, de l'avis des experts, qu'une attention régionale. Et la Somalie où j'ai assez vite compris que, dans l'amoncellement de ruines qu'est devenu le pays, il n'y a plus grand-chose à comprendre. Et le Donbass où j'ai eu besoin de temps, et de longs moments d'ennui, avant de pouvoir filmer un sourire joyeux de Martha, la jeune lieutenante, qui nous faisait office d'interprète ; ou le terrible gémissement, horreur et colère mêlées, du soldat Alexei touché, le matin même, par un tir de sniper et tentant sans y parvenir, accroché à la ridelle de son lit de l'hôpital de campagne, ses draps tachés de sueur et de sang, de faire sortir ses mots ; ou l'évacuation d'un corps, dans un cercueil fait dans un brancard de mauvais plastique, accroché au filin d'un hélicoptère. Et le Nigeria – quelques jours à peine et je tombais sur Jumai Victor, allongée

Ce que je crois

sur la tombe de son mari, pleurs secs, les yeux vides, sans un soupir, prête à mourir à son tour.
Mais un trait est commun à tous.
Ils ont un programme secret.
Et, chaque fois, depuis cinquante ans, j'ai eu l'arrière-pensée de faire les deux choses et, non seulement de raconter, mais de travailler à ce que mon récit ait, quand il paraîtrait, un effet.
Souvent, à l'époque où, avec Françoise Giroud, Jacques Attali, Marek Halter, Robert Sebbag ou le radical italien Marco Panella, nous fondions cette petite Action contre la faim qui est devenue, depuis, l'une des ONG européennes les plus puissantes d'Europe, l'arrière-pensée ne faisait pas mystère – en sorte que, dans l'Erythrée en guerre, dans l'Ethiopie en proie aux déplacements de population forcés par le tyran rouge Mengistu ou, avec les premiers Médecins sans frontières organisant, aux confins du Cambodge, une « Marche pour la survie », je me rendais toujours avec le double projet d'accompagner un convoi de vivres et de vêtements *et* de m'engouffrer dans la brèche pour en rapporter un reportage.
Et si, dans ces huit textes d'aujourd'hui, l'intention n'est pas affichée si nettement, elle n'en était pas moins claire dans mon esprit (ainsi que, je crois, dans l'esprit d'Hervé Gattegno et Olivier Royant, respectivement directeur et directeur de

Autoportrait de l'aventurier

la rédaction de *Paris Match*, qui m'avaient donné carte blanche) : je n'aurais pas vu les mêmes choses, interrogé les mêmes gens, ni, à l'arrivée, écrit de la même manière, si je n'avais nourri, chaque fois ou presque, le même double dessein et si je n'avais eu en tête, dès le premier instant, cette tout autre scène où je me représentais, par avance, la réception à Washington DC d'une délégation de chrétiens nigérians ou de la Dame de Dacca, incarnation de l'islam des Lumières, Sheikh Hasina ; la conversation, déjà citée, du général en chef des unités de défense du Rojava, Mazlum Kobane, avec le président de la République française ; ou la consécration, par la Ville de Paris lui attribuant une allée, du rôle, dans l'histoire du XXe siècle, du commandant afghan Ahmed Shah Massoud.

Je sais que je risque, en disant cela, de nourrir le complotisme qui, depuis des décennies, s'épuise à chercher, derrière ce que j'entreprends, la main de puissances occultes.

Et peut-être suis-je en train de mettre le doigt, ce faisant, sur l'un des points où s'est nouée, de la façon la plus insistante et la plus impensée, l'hostilité à ce que je représente, c'est-à-dire à ce que je tente dans l'existence.

Mais tant pis.

Ou, plutôt, tant mieux.

Ce que je crois

D'abord parce que je me suis aguerri, à force, face aux plus extravagantes calomnies : je les supporte assez bien ; et si, d'aventure, elles finissaient par me tuer, au moins saurais-je de quoi je serai mort – ce qui n'est pas le sort de tous.

Ensuite parce que la force de cette hostilité, j'en suis convaincu aussi, n'est pas sans lien avec le fait qu'elle se refuse à dire ce qui la motive : alors, je ne vais certainement pas tout dire, moi-même, de ces motifs ! et ce n'est pas à moi qu'incombe de révéler le vrai de ceux qui me détestent ! mais, sachant que ceux à qui la tâche revient renâcleront à le faire, je ne suis pas fâché de les y aider un peu !

Mais, surtout, il y a là, comme souvent avec la malveillance extrême, un point de vérité – et ce point est celui-ci : en dépit, ou peut-être à cause, de la grande estime où je tiens ce métier, en dépit de l'admiration que je voue au Malaparte du *Corriere della Sera*, au Camus de *Combat*, à l'Albert Londres du *Matin* et du *Petit Parisien* ou même au Pierre Lazareff ou au Lucien Bodard du premier *France-Soir*, il est parfaitement exact que je n'ai jamais été journaliste et ne le suis toujours pas.

Car qu'est-ce, dans le fond, que le journalisme ?

Il y a une éthique journalistique dont le premier principe est qu'il faut séparer les faits de leur interprétation et viser, tant que possible, à l'objectivité.

Il y a une *doctrine* du journalisme dont l'apparition, comme celle des règles de l'ethnologie, comme celle de l'anthropologie, comme celle des sciences humaines en général, n'est pas pour rien contemporaine de la mécanique quantique et dont le premier énoncé est qu'il faut tout faire, absolument tout, pour conjurer la loi qui veut que l'observateur, par son observation même, modifie ce qu'il observe.

Et, comme les choses sont, ici aussi, plus emmêlées encore, il n'est pas exclu que cette religion de l'objectivité, cet article de foi qui veut qu'un bon journaliste se refuse à toute intervention dans ce qu'il rapporte, ait quelque chose à voir avec le culte moderne d'une *impersonnalité* qui n'est elle-même pas sans lien avec le « Je est un autre » de Rimbaud ; pas sans lien non plus avec le beau désir moderne d'ancrer notre regard dans une autre substance que celle d'un Moi exploité jusqu'à la lie par l'imaginaire romantique ; et absolument liée, en revanche, au processus de liquidation du sujet qui commence avec Mallarmé, passe par Debussy, Cézanne et Manet, parvient au structuralisme et culmine avec l'individu ratatiné, desquamé, réduit à presque rien, des romans de Michel Houellebecq.

Ce que je crois

Cette doctrine n'est pas rien.
Elle puise à de nobles et belles sources.
Mais, de quelque manière que je la tourne, elle n'est pas, et ne peut pas être, la mienne.
Je me fais journaliste.
Je me déguise en reporter parce que je crois à l'enquête, à l'investigation, au fer dans la plaie, à l'immersion au cœur de l'événement.
Et, même si mon principal objet demeure la bousculade des grands ensembles, des grandes causalités, des grandes nécessités, je ne m'entends, je crois, pas plus mal que d'autres à restituer un détail, dépeindre un visage et présenter un témoignage.
Mais je ne suis pas journaliste, je n'ai avec cette activité que la ressemblance d'un homonyme – et ce, pour une raison simple.
Je ne suis pas journaliste puisque mon parti pris est inverse et que je ne pars jamais en reportage sans avoir la ferme intention d'intervenir dans ce que je verrai et de toucher à ce que je montrerai.
Je ne suis pas journaliste car, chez Malaparte par exemple, chez cet immense écrivain dont les écrits sont nourris par un travail de reporter, je distingue deux œuvres : le Malaparte des textes strictement journalistiques qui, tel *La Volga naît en Europe*, se tiennent à distance des faits, dépersonnalisent leurs descriptions et ne sont jamais

interventionnistes ; et puis, dans ses romans, les moments où, fils des grands poètes des siècles précédents, il s'autorise à mettre en scène le ballet des morts dans les bas-fonds de Naples, Ante Pavelić et son plateau d'huîtres remplacées par des yeux humains, ou les damnés de Hambourg sur qui sont tombées des pluies de bombes au phosphore et qu'il faut enterrer jusqu'à la tête de peur que leurs corps, à l'air libre, ne prennent feu comme des torches – toute une eschatologie d'artiste où, à la façon d'un Dante, il s'en va scruter le sort des pensionnaires du Purgatoire.

Et quand, auprès de tel humanitaire chrétien nigérian, de tel chef, en principe invisible, de la révolution kurde syrienne, du président ukrainien Zelensky ou, jadis, dans son palais sous les obus, du président bosniaque Izetbegović, j'insiste sur le fait que je ne suis « pas journaliste mais écrivain », ce n'est pas pour noyer le poisson, obtenir un passe-droit pour une ligne de front interdite à la presse, cacher mon jeu. Mais c'est, au contraire, parce que je l'abats et annonce, d'emblée, que je serai un reporter qui dérogera au sacro-saint principe de non-intervention ; qui fera tout ce qu'il pourra, contre tous les objectivismes scientistes, pour influer sur ce qu'il verra ; et qui ne s'estimera à la hauteur de l'événement que lorsqu'il sera bien certain que la probité de sa relation ne

Ce que je crois

l'empêchera pas, au retour, de plaider pour ceux qui s'en sont remis à lui.

La part raisonneuse de moi-même songe que je fais ainsi d'une pierre deux coups : n'est-ce pas le moyen de corriger ce qu'il peut y avoir de subjectivité outrée et d'égotisme antibourgeois dans mon amour du voyage ? cette tentation qu'il y a, en tout aventurier, de se battre, comme disait Lawrence dans les premières lignes de la préface aux *Sept Piliers*, « pour sa propre cause », ne trouve-t-elle pas son antidote dans cet activisme ? et, inversement, quand on a le souci d'autrui et qu'on débarque, à Lesbos, parmi les réfugiés sans papiers du camp de Moria, quel meilleur guide que le *Vaisseau des morts* de B. Traven qui, contrairement aux romans marins de Conrad, raconte un bateau vu, non depuis le pont, mais depuis une cale devenue l'avant-dernier séjour d'une poignée d'hommes qui sont « sans passeport, sans patrie, des exilés, des damnés, des sans-nom, des sans-naissance » – autrement dit, déjà des sans-papiers ?

Ma part philosophante se dit qu'il y a là une nouvelle illustration du poids, dans ma vie, de ce moment des années soixante dont l'un des lieux communs fut que les mots et les choses, le dire et le faire, les événements de discours et les événements sans parole sont tissés dans le même drap et conspirent à la même intrigue : la « pratique théorique » de Louis Althusser... « l'archi-écriture » qui formait, selon Jacques Derrida, le filigrane muet des faits de nature non moins que de culture... les « dispositifs » de Michel Foucault... les « agencements » de Félix Guattari et Gilles Deleuze... et, chez tous les enfants de cette génération devenus, à leur tour, écrivains, une hésitation caractéristique, un tremblé, qui font que l'on ne sait jamais très bien s'ils entendent, comme aurait dit un Grand d'Espagne, Jorge Semprún, vivre comme ils écrivent ou écrire comme ils vivent...

Et puis le Juif en moi ne peut que se retrouver dans cette façon de ne jamais rapporter les faits sans assortir son rapport d'une bonne et belle action – je n'ose dire une *mitsva* – dont l'ultime dessein sera la réparation, le *Tiqun Olam*, du monde. Que mes vieux et jeunes maîtres en judaïsme se rassurent. Je ne confonds pas les ordres. Et je sais bien que le seul feu auquel me convoque la Torah n'est pas le « j'ai vu le feu ! j'ai vu le feu ! » de Fabrice à Waterloo, mais celui, où je ne suis pas encore engagé, du corps à corps avec les lettres carrées et avec l'étude. Mais je suis assez juif pour savoir que, même si le cœur des rois est entre les mains de Dieu, l'homme est dit *associé* dans l'œuvre de la Création et que cette dimension de *participation* fait qu'un Juif ne se sent jamais délesté du monde, mais au contraire, investi de lui. Leçon de Levinas encore. Son judaïsme du faire. Ce privilège qu'il donne à l'éthique sur l'optique. Les cheveux de Samson où se loge toute sa vigueur et d'où procèdent sa prise sur l'Histoire, sa puissance de la retourner sur son socle et la force qu'il faudra pour faire s'effondrer le palais philistin. Et puis ma conviction qu'être juif aujourd'hui, affirmer une singularité juive en ces temps de détresse, consiste, plus que jamais, en ceci : refuser que triomphent les puissances du nombre ; s'arc-bouter contre le fatalisme qui remplace les dieux d'hier par le néant de demain ; résister au nihilisme dont le soubassement le plus profond est cette recherche de l'impersonnalité qui donne tant de poids à l'idéologie du journalisme – toutes tâches auxquelles je m'emploie quand je fais des reportages dont la grande affaire est d'avoir, si minime soit-elle, une influence dans le réel dont ils vont témoigner.

5

La mort, comme le soleil ?

Un dernier mot.
Et une – ou plutôt deux – ultimes mises au point.
Certains des textes ici rassemblés – pas tous – sont des reportages de guerre.
Et je ne compte pas ceux que, dans ma vie antérieure, sur tous les continents, j'ai écrits dans la même veine.
Or c'est un fait, que j'ai maintes fois souligné, mais qui mérite d'être rappelé ici.
Je n'aime pas la guerre.
Je n'aime pas la littérature de guerre.
J'abomine le « Dieu que la guerre est jolie » d'Apollinaire et, dans *Le Temps retrouvé*, la féerie du ciel de Paris pendant les bombardements nocturnes de 1917.
Et je ne parle pas de la *Chronique de la Grande Guerre* de Barrès, des odes patriotiques de Péguy et

de leurs envolées lyriques ou des immondes *Orages d'acier* de Jünger qui n'eurent pas besoin que leur auteur devînt hitlérien pour être un livre nazi !

Je combats l'idée même que la guerre puisse avoir une poésie.

Je combats, presque plus encore, l'idée qu'elle puisse être une passe vers la grandeur.

J'aime que Saint-Exupéry, auteur que je cite peu, mais qui sait de quoi il parle, affirme, dans *Pilote de guerre*, que la guerre n'est pas une aventure, mais une maladie, comme le typhus.

J'aime, chez Malraux, l'insistance à dire que nul ne lui semble plus respectable, en ce monde, que celui capable de faire, et de gagner, la guerre sans l'aimer.

J'aime, chez Hector, qu'il commence par fuir devant Achille furieux, écumant, hurlant qu'il va le dévorer tout cru et donner ses restes aux chiens – et qu'il ne fasse front que lorsqu'il comprend qu'Athéna s'est jouée de lui et qu'il n'a le choix que de mourir sans gloire ou de combattre.

Je n'aime jamais tant Achille qu'à cet autre moment de *L'Enéide* où Ulysse le retrouve aux Enfers et lui fait dire qu'il aurait mieux aimé, tout compte fait, être « un homme sans patrimoine » plutôt que ce combattant trop puissant, pataugeant dans la boue des batailles et régnant, maintenant, sur des morts.

La mort, comme le soleil ?

J'aime mieux la paix, voilà.

Je n'ai aimé, dans les guerres que j'ai couvertes, que les moments lumineux et tristes, de soulagement et de lassitude, où les armes se taisent.

J'ai aimé, dans les villes libérées, l'instant où plane encore l'odeur sale des combats mais où l'on cesse de regarder d'un œil inquiet vers le dernier immeuble, sur la gauche, en haut de l'avenue ; où l'on ne cache plus sous son manteau, à Mossoul, sa petite croix chrétienne ; et où l'homme, à Bujumbura, cesse d'être un gibier pour l'homme.

J'ai aimé, à Sarajevo, filmer les femmes qui recommençaient de se maquiller, les professeurs d'enseigner, les étudiants d'étudier, les cinéastes de filmer, les écrivains d'écrire.

J'ai aimé, à Benghazi, ce jour d'août 2011, après la chute du tyran, où les seuls tirs que l'on entendait étaient des tirs de fantasia.

J'aime, dans les livres d'histoire, commencer l'histoire des guerres par la fin.

J'aime la paix de la guerre de Cent Ans ; la paix de la guerre de Trente Ans ; la paix de Longjumeau et de Saint-Germain entre catholiques et protestants ; la paix de Prague et la paix de La Haye ; la paix de Vervins, entre la France et l'Espagne.

J'aime la paix des Français de Verdun et des Anglais de la Somme, avec leur casque rond, leur air presque rêveur et leur vareuse maculée de terre séchée.

J'aime la paix sur les visages harassés des Grecs antiques, sanglants et nus, leurs épées au fourreau.

J'aime ce moment de *L'Iliade* où Grecs et Troyens s'entendent, pour solde de toute guerre, sur un combat singulier entre Ménélas et Pâris : las, Pâris, ravi par Aphrodite, se dérobe ; mais comme ils étaient heureux ! comme ils ont applaudi, de leurs mains et de leurs voix, Achéens et Troyens ensemble, à cette guerre qui s'arrêtait !

J'aime la paix de Philocrate, entre Athènes et la Macédoine ; la paix des Thermopyles ; la paix du Péloponnèse.

J'aime la paix sur le visage des poètes dans la prunelle desquels a fini de briller l'éclat terrible de l'épopée et où l'on recommence de rêver d'un sens à donner au monde et à offrir aux hommes.

J'aime, après la fin des combats, la fin du monde, la fin de tout, la fraternisation des soldats fatigués, des généraux désespérés et chargés, comme Pyrrhus, de regrets consumés et j'aime qu'ils se retrouvent, là, à découvert, assis au bord d'un champ, où fument des carcasses.

J'aime que la paix soit le plus beau mot de toutes les langues et que ce soit, en hébreu, l'un des noms de Dieu.

La mort, comme le soleil ?

J'aime la fête de la paix de Hölderlin, « retentissante d'échos calmes et célestes », avec son « nuage de joie », ses « fruits mûrs » et ses « calices couronnés d'or ».

J'aime la fête de la Fédération du 14 juillet 1790 où le soleil de la Révolution n'est pas encore taché du sang de la Terreur et n'est pas non plus le stupéfiant, irradiant mais terrible soleil d'Austerlitz.

Et même la paix des Juifs, au Lutetia, je l'aime presque : cette paix de larmes et de désolation, cette paix où l'on découvre qu'*il* n'est pas dans le convoi de bus, qu'*elle* ne reviendra sans doute jamais et où, pourtant, les rescapés se comptent, les naufragés respirent et ce qui reste de la vie reprend timidement ses droits. Elle est lugubre, cette paix ! Elle a le goût des cendres ! Il est odieux qu'il ne soit permis à aucun de ces revenants de dire qu'il a vu la Gorgone ! Il est insoutenable que les enfants recommencent de jouer sans trembler, que les hommes retrouvent le chemin de la parole et que, *comme si de rien n'était*, reprenne l'ordre des jours ! Mais on ne peut pas ne pas l'aimer aussi, cette paix.

Je n'aime rien tant que le pacifisme, au fond.
Le vrai.
Celui de Romain Rolland, de Stefan Zweig, des amoureux de la civilisation, de la hauteur de vue, de l'espoir.

Ce que je crois

Et ce pacifisme-là, ce pacifisme doux, cette célébration de la paix dont le Talmud faisait une prière pour l'empire, ou pour le royaume, ou pour la république, il faut le dire et le redire : rien sur la scène spirituelle, philosophique ou politique ne le vaut ; il condamne à la honte et à l'opprobre les Jünger avec leurs éloges du soldat allemand et de son sacrifice, les Marinetti avec leur violence de carton et même les surréalistes avec leurs coups de poing pour de faux et pour de vrai.

Et les pacifistes qui s'en réclament, je ne dirai jamais assez combien ils sont grands : leur paix est la plus grande des batailles ; la plus héroïque des conquêtes ; c'est la plus rêveuse des visions d'avenir ; car cette paix a pour ciment, pour pilastre, pour pierre d'angle et pour pierre de fondation l'esprit de l'homme et seulement lui ; et cet esprit, projeté en civilisation, en dépassement transcendant des nations et des langues, en concert impossible, paradoxal, radieux, c'est – j'aimerais pouvoir le montrer une fois pour toutes – ce qui existe de plus beau au monde.

Seulement voilà !

Je sais, aussi, qu'il y a des guerres justes.

Et je sais qu'il y a des moments, quand on massacre des humains sans défense, où il faut, par

La mort, comme le soleil ?

amour de la paix et du vrai et bon pacifisme, se résigner à la guerre.

Je le sais à cause de saint Thomas, de Francisco de Vitoria et de saint Augustin, ces théoriciens chrétiens de la guerre légitime, c'est-à-dire de la guerre qui, loin d'ajouter la guerre à la guerre, retranche de la guerre à la guerre.

Mais je le sais aussi pour l'avoir entendu, de la bouche de mes aînés, à propos de cette guerre d'Espagne, puis de cette guerre contre Hitler, qu'il fallait faire.

Et je le sais, aussi, pour l'avoir vécu : une fois qu'on a parlé, négocié, tout essayé, une fois qu'ils nous ont baladés et se sont joués de nos gentils diplomates, il faut faire la guerre à Milošević pour stopper sa guerre contre les Kosovars ; à Kadhafi menaçant de noyer Benghazi dans des rivières de sang ; à l'Etat islamique quand il marche sur Erbil et sème la mort en Europe ; je sais, oui, qu'il arrive que la Bête déclare la guerre à l'Esprit, la barbarie à la beauté du monde, et il n'y a pas d'autre choix, alors, que de relever le défi et, de toutes ses forces, d'arracher leur couronne aux Héliogabale à front bas.

Je n'aime pas que le merveilleux Giono du *Hussard sur le toit*, ce modèle de désinvolture et de grâce stendhalienne, cet ami du courage face au fléau, à la faux et à l'horreur de la mort annoncée par temps de choléra, n'ait pas eu ces bons réflexes quand la peste, la vraie, la brune, s'est abattue sur l'Europe et qu'il s'est jeté dans les bras de la puissance allemande.

Je n'aime pas que Giraudoux, quand ont commencé de débarquer en Douce France les plus humbles d'entre les humbles, les plus déshérités d'entre les déshérités, c'est-à-dire les Juifs de l'est de l'Europe, leur ait tranquillement déclaré la guerre et qu'il ne pense plus à la guerre du tout, mais à la paix sans condition, à l'apaisement, quand c'est Hitler qui, avec ses légions, s'apprête à débarquer : alors, il se couche ; alors, il écrit, et fait jouer, cette atroce, et pseudo-grecque, *La guerre de Troie n'aura pas lieu* où il fait du grand Hector un ancien combattant français, munichois avant l'heure et dont Claudel trouvera « répugnante » l'« apologie de la lâcheté et de la paix à tout prix ».

Je n'aime, naturellement, pas Céline qui nous la joue brave et téméraire quand il se dépeint, après la guerre, face à Pierre Dumayet, en chien de traîneau alertant, par ses aboiements, sur les périls qui montent mais qui, au moment du plus grand péril, quand la France était un désert, n'a eu de cesse de répéter, avec un acharnement sadique, qu'alerter n'a pas de sens, que résister

La mort, comme le soleil ?

est absurde et qu'il n'y a qu'à accepter la loi des armes et du plus fort.

Je méprise Handke d'avoir mis son talent au service de la Grande Serbie et de sa purification ethnique.

Je plains Michel Onfray d'avoir souhaité, en 2015, pour « sauver la paix » et « calmer les jeunes soldats de l'Etat islamique qui sont dans nos banlieues », que la France pactise avec Daech.

Et je n'aime pas qu'il n'y ait qu'un mot, dans nos langues, pour dire les paix victorieuses et les paix honteuses, la paix du 8 mai 1945 et la paix de Montoire.

Tout ça aussi, c'est un pacifisme.

Mais il n'est pas trempé dans le même métal.

Il est d'une matière plus molle, plus grossière et plus vile.

Il est fuyant quand l'autre était noble ; ressentimenteux quand l'autre était généreux ; il est veule quand Romain Rolland, Stefan Zweig, étaient braves ; il est aveugle quand ils étaient lucides.

Il est, en vérité, l'exact contraire du premier.

Et cet autre pacifisme, ce pacifisme de la perfidie et de la compromission, je le déteste autant que j'aime l'autre et réprouve le bellicisme, son jumeau.

Je n'aime pas cette idéologie de la guerre zéro morts qui en est la forme la plus récente.

Ce que je crois

Et je ne pense pas que sortir du rang des meurtriers soit la juste réponse quand Erostrate devient maître du monde.

Souvent, je me demande la cause de tout cela ; d'où vient cette démission des démocrates dont la faiblesse fait la force des dictateurs ; et d'où cette répudiation, presque partout, du concept d'intervention humanitaire, ou de responsabilité de protéger, qui fut une bien belle avancée, pourtant, du dernier segment du XXe siècle.

Parce que le monde serait lassé de la violence, vraiment ?

Parce qu'il en aurait assez de la brutalité, de la cruauté, de la haine et de leurs cortèges de délateurs et de contempteurs ?

Hélas non.

Car jamais, justement, la haine n'a été si puissante.

Jamais la délation si bruyante et si rogue.

Au lieu que ce soient les tyrans qui commandent leurs lots de dénonciations, c'est chacun qui, avec une férocité presque égale, surveille son prochain, le trahit et devient son tyran ; mais le résultat est peu différent et l'amertume, la rancune, la colère sont à leur sommet – pas la colère, hélas, qui grandit les hommes et les peuples ! pas l'« orgè » des Grecs dont Aristote disait, dans *L'Éthique à Nicomaque*, qu'elle est provoquée par l'injustice !

La mort, comme le soleil ?

mais l'autre, la mauvaise : celle qui se disait « thumos » et rendait si méchant le Calliclès de Platon ! celle dont Jean Chrysostome expliquera que, si Dieu l'a enfermée dans la cage de notre poitrine, c'est parce qu'elle est « comme une bête féroce qui, sans cela, nous lacérerait » ! et celle dont les noms modernes sont nihilisme et ressentiment.

Non.

Je vois dans cette répudiation du courage autre chose et, de nouveau, tout l'inverse.

J'y vois une indifférence d'airain au sort de ces salauds de pauvres qui sont le cœur de ce livre.

J'y vois le signe d'un monde qui se ferme à cet autre côté du monde où brillent, à la place des noms et des lieux, les moissonneurs de la mort.

J'y vois un mépris des vies minuscules, les vraies, celles qui sont trop petites pour avoir une histoire, une archive, un visage sur nos écrans de smartphone ou une place dans un roman de Louis Guilloux.

Et j'y vois aussi, qu'on me pardonne, la haine de ce qu'il y eut, tout de même, de noble dans l'héroïsme antique ; la haine de cette figure du chevalier chrétien qui sauva ce qu'il fallait sauver dans celle du demi-dieu païen et, incarnant l'autre volet de la religion de la charité, fut un supplément heureux à son souci de la veuve, de l'orphelin, des lépreux, des petits enfants, de Marie

Ce que je crois

Madeleine ; la haine de ce qu'eurent de grand les grands Juifs Samson, Saül en guerre contre les Amalécites, Esaü qui tue Nemrod, David le roi poète et Rabbi Akiba ratissé vivant par les râteaux de fer des légions romaines parce qu'il voulait continuer d'étudier quand c'était interdit mais qu'il y allait, pensait-il, du salut du genre humain ; la haine, en un mot, de ce qu'il y a, en l'homme, d'un peu plus grand que l'homme ; la haine de l'homme qui n'est qu'un pont et non un but ; la haine de ce que Nietzsche, qui avait très bien compris, dans le fond, la grandeur de l'hellénisme, du christianisme, du judaïsme, a eu la folle candeur d'appeler le *surhomme*.

Mon Dieu !

Qu'il y a de haine en ce monde.

Qu'il y a de haine dans la société des faux indignés de droite et de gauche.

Dans le monde des outragés d'extrême gauche et des outragés d'extrême droite.

Qu'il y a de haine dans l'ordre des esprits – bien plus terrifiant, quand il s'y met, qu'un ordre policier !

Qu'il y a de haine dans ce couloir de la mort à quoi ressemble la société française quand elle se complaît dans le dépressionnisme, la paranoïa, le soupçon.

J'ai écrit contre cette haine.

La mort, comme le soleil ?

J'ai consacré un livre à cette animosité déguisée en amour et qui ne sait plus dire que « prenez votre ticket, vaccinez-vous, distanciez-vous, défiez-vous les uns des autres, chacun est une menace pour chacun, on ne peut plus voir son prochain que comme un pestiféré ».

Mais c'est pour la même raison que, plutôt que de faire corps avec une société antiseptique qui pratique l'élégance du hérisson, prétend réparer les vivants, n'aime les héros qu'au quotidien, si possible quand ils sont soignants, et qui, de l'être-pour-la-mort des philosophes, a fait un spectre errant entre les travées des supermarchés en quête de masques, de gels hydroalcooliques et d'eau oxygénée, j'ai passé toute une année à aller au-devant des lignes de Daech, ou dans les miasmes d'un Bangladesh pantelant et beau, ou dans le Kurdistan qui se bat avec l'énergie des perdants.

Et c'est toujours pour la même raison que je bataille, ici, pour rappeler, plaider, montrer, qu'il y a des guerres justes – et que, ces guerres-là, il faut des gens pour les faire et d'autres, pas les mêmes, pour en témoigner et les raconter.

Souvent, quand je pars en reportage, mes proches, mes enfants, s'inquiètent et me demandent : « est-ce que tu n'as pas peur ? ».

Ce que je crois

Là aussi, je dois un mot d'explication – et, cette fois, ce sera le dernier.

Bien sûr, oui, j'ai peur lorsque je me trouve jeté, jeune homme, dans ce champ de tir qu'est la guerre du Bangladesh et où la mort est partout, éclate au milieu de tous et foudroie au petit bonheur.

Bien sûr, j'ai peur quand je suis, dans le ciel d'Angola, en approche de Moxico et que le pilote avertit que les lance-missiles peuvent tirer à tout moment et que la seule solution va être de descendre très vite, en vrille, en relevant le manche au tout dernier moment et en cabrant l'avion.

Bien sûr, encore, j'avais peur – il aurait fallu être un imbécile pour ne pas avoir peur – quand, à Sarajevo, je quittais la piste de l'aéroport assiégé, ou sortais de l'hôtel Holiday Inn, ou courais sur la portion de quai de la Miljacka, à droite de la présidence : il y avait là cent mètres, ou cinquante, ou seulement dix peu importe, où l'on était à découvert ; et il y avait peut-être, dans les collines, un sniper serbe, assis sur son pliant, sa glacière à portée de main, en train de vous observer comme un insecte dans sa lunette et à peu près certain, s'il tirait, de ne pas vous manquer.

Et j'aurais été un imbécile si je n'avais pas eu peur, seul, sans protection, dans les rues de Karachi ; seul, avec une poignée de Peshmerga

La mort, comme le soleil ?

qui s'étaient aventurés par erreur jusqu'aux faubourgs de Fazlya et avaient à essuyer, sans soutien aérien allié, un assaut de l'Etat islamique ; seul, ici encore, dans les reportages qui font la matière de ce livre, quand, dans le quartier de Chicken Street infesté par les talibans, je me mettais en quête de la maison de Mola Shams, le moudjahid blessé, et de sa fille, Homa, la brillante jeune journaliste que j'avais recrutée, en 2002, aux *Nouvelles de Kaboul* et qui s'était suicidée, en achetant des barbituriques avec une avance sur salaire, parce qu'elle aimait un Pachtoun et qu'elle était dari ; ou seul quand, à Tarhouna, en Libye, je tombais sur une horde de furieux hurlant « Mort au Juif » et me tirant dessus ; ou quand, dans les monts Qarachokh, au Kurdistan, je descendais à pic, harnaché pour ne pas chuter, jusqu'à une grotte de Daech.

Alors ?

Alors, il y a toujours, évidemment, les précautions que l'on prend.

Il y a les reporters têtes brûlées comme Paul Marchand, ce mystérieux jeune homme dont on se racontait, à Sarajevo, entre juillet 1992 et octobre 1993, les facéties de grand vivant funambulisant, au nez et à la barbe de ceux des collines, entre les deux tours jumelles, à demi détruites, du centre-ville de Sarajevo – mais, pour les autres, la plupart et, en tout cas, pour moi, la règle est de calculer, réfléchir, peser chaque risque pris au trébuchet des effets d'alerte escomptés de telle interview inédite, de telle photo arrachée à la volonté de ne pas montrer, de telle chose vue.

Parfois ce n'est pas assez.

C'est le pas de trop, comme pour Daniel Pearl, la veille du jour où il devait rentrer aux Etats-Unis et où il se laissa prendre, dans le Karachi des djihadistes coupeurs de têtes, au piège tendu par Al-Qaïda.

Ou le cliché de trop pour Tim Hetherington, le photographe courage, tué, le 20 avril 2011, à Misrata, en même temps que Chris Hondros, dans le trou d'une façade d'immeuble où il venait de se glisser quand l'éclat de la roquette l'a rattrapé.

Mais, le plus souvent, c'est suffisant et, quand le dosage est bon, quand vous avez, comme le recommandait Aristote, mêlé comme il sied l'impulsion et la raison, l'élan et la prudence, les choses se passent bien : vous rentrez, le soir, à l'hôtel, ou au camp de base ; vous relisez vos notes ; vous rêvez ; vous humez l'odeur du vent ; vous regardez la marée montante des étoiles dans le ciel ; vous êtes content ; et, quelques jours plus tard, la mission est accomplie, on a fait son métier d'homme et son devoir de frère humain, on peut revenir à ses chères études, au livre en cours, à la vie.

La mort, comme le soleil ?

Cette explication, pourtant, ne suffit pas.

Ni moi ni aucun des reporters de guerre que je connais ne saurions nous en tirer avec ce compte froid des risques pris et des précautions qui les modèrent.

Et, quand on fait cela, quand, si raisonnable que l'on soit, on prend le risque d'un sniper, d'une balle perdue, d'un obus aveugle ou, en naviguant vers Misrata, d'une table de roches, à fleur de mer, que les instruments de bord n'auront pas vue, il y a toujours un moment où, entre soi et soi, surgit l'autre question, plus élémentaire, du rapport que l'on entretient avec la mort : pas celle des autres ; pas celle des victimes oubliées dont on s'est promis de témoigner ; la sienne.

Je sais que c'est la question la plus difficile.

La plus élémentaire – mais la plus vertigineuse car, pour chacun, reporter ou pas, voyageur ou non, la plus intime, la mieux enfouie, le vrai secret, disait Foucault, que nous portons tous en nous : secret pour les autres ; mais secret, aussi, pour soi.

J'en connais qui, comme Foucault justement, ont passé leur vie à affûter leur doctrine, mettre en scène le dernier rendez-vous, travailler à en faire une œuvre sans spectateur, qui n'existera que pour eux mais n'en comptera que davantage – pour, à la fin, se raccrocher à cette phrase d'enfant : « appelez Canguilhem, lui sait mourir... »

J'en connais qui, comme mon autre vieux maître, Jacques Derrida, ont vécu dans la certitude que, le moi n'étant rien qu'un effet de langue, un nœud d'intentionnalités husserliennes, un point vide, un pli, ils maîtriseraient le moment, passeraient le cap, l'éperonneraient – et pourtant, me dit-on, cette panique à la fin, cet air éperdu et coupable, cette incrédulité.

Ou, à l'inverse, mon antimaître, celui contre lequel je suis, avec *La Barbarie à visage humain*, entré en philosophie et qui, de son côté, aurait bien aimé m'en voir sortir, Gilles Deleuze : nous n'étions pas encore ennemis et il nous arrivait de prendre un thé, en fin d'après-midi, dans l'ancien bar du Lutetia, pour parler de tout et de rien. Eh bien précisément, disait-il. La mort n'est rien. Juste un autre agencement d'esprits animaux et de matières. Pasternak s'est trompé. C'est elle, la mort, pas la vie, qui est une sœur. Et, de fait, il est mort en deleuzien et en Romain.

Ou l'inverse encore et, pour m'en tenir aux morts célèbres, répertoriées, et aux secrets plus ou moins éventés, la mort de Voltaire, si étrange... Une vie passée à la défier. A poser à l'esprit fort (« Dieu ? nous nous saluons mais sans échanger un mot ! »). A la piéger, prendre à revers, jouer

La mort, comme le soleil ?

au plus malin (Voltaire, s'il avait pu, se serait fait tester, vacciner, tous les matins ; il était de ceux qui, déjà, pensaient que les Lumières, les sciences, la médecine, viendraient à bout de la maladie, du mal, de la mort). Une vie passée à faire la police, chez les autres, des lits de mort (bons points aux uns : la Pompadour « morte en philosophe » ; mauvais points aux autres : La Fontaine « mort comme un sot » et Maupertuis « entre deux capucins »). Et tout cela pour, au bout du compte, quand l'heure vint, seulement entouré d'une cuisinière et de quelques visiteurs qui avaient payé pour voir sa déchéance, pleurer comme un enfant, crier à son médecin « je suis abandonné par Dieu et par les hommes ! je vous donne la moitié de ma fortune si vous prolongez ma vie de six mois » et, selon certaines sources, se barbouiller de ses propres excréments.

Non, on ne sait jamais.

Jamais on n'a d'idée claire ni de la scène de sa mort ni du rôle que l'on y jouera.

Et il faut être très prudent, très modeste, il faut peser ses mots, quand on aborde à ces rivages.

Mais enfin, ces précautions étant prises et étant entendu que le cœur du secret est, ici aussi, entre les mains de Dieu, voici, rapportées à la matière de ce livre et aux questions qu'il soulève, deux ou trois choses que je sais d'elle – la mort.

Ce que je crois

Enfant, quand j'ai découvert *L'Iliade* et *L'Odyssée* à travers cette merveilleuse collection qui s'appelait « Contes et légendes » et dont les couvertures au cartonnage couleur illustré ont enchanté des générations de petites filles et de petits garçons, j'étais persuadé que ma mère, comme Thétis, m'avait plongé dans le Styx ; et je me disais, roublard, que, si je parvenais, devenu grand, à être l'un de ces explorateurs, pirates, bandits ou aventuriers que je découvrais, au même moment, dans les romans de Stevenson et de Conrad, il faudrait beaucoup d'intelligence à la mort, beaucoup de sagacité et de ruse, pour trouver le point que n'avait pas oint le filtre d'invulnérabilité et d'amour.

Plus tard, à l'adolescence, j'ai été bouleversé, dans *Le Livre de la pauvreté et de la mort*, par un poème de Rainer Maria Rilke, si étrangement préfoucaldien, où il priait que l'on donnât à chacun « sa propre mort », la vraie, la seule, celle qui vient de « sa propre vie » et qui est comme « le fruit » dont le reste de l'existence n'est que « l'écorce et la feuille » et qu'il qualifiait de « grande mort ». Et je me souviens de mon émotion quand, à la lecture, plus tard, des *Cahiers de Malte Laurids Brigge*, je suis tombé sur le récit de la mort du grand-père, dépeinte comme si elle était un personnage, et même un très grand personnage,

La mort, comme le soleil ?

que l'on aurait entendu rugir, des jours durant, dans la maison et que l'auteur qualifiait, encore, de « grande mort ». Je me méfiais, bien sûr, de tout le côté extase symboliste, Wagner, Isolde mourant, inondée de lumière, sur le cadavre de son amant, qu'il pouvait y avoir dans tout cela. Mais j'aimais cette idée de grande mort. J'aimais qu'il puisse y avoir, pour chacun, qu'il fût vaincu ou triomphant, humble ou insolent, agneau ou loup, une petite et une grande mort. La grande mort, c'était la mort de Danton. Celle de Jean Moulin. C'était la mort des grands capitaines qui avaient livré une guerre juste et c'était celle des fantassins de l'armée des ombres qui n'ont pas parlé sous la torture. C'était même la mort des révolutionnaires. Et tout cela faisait partie de la conception héroïque que j'avais de la vie.

Alors, là aussi, le temps a passé.

Et, j'ai fini par ne plus trop croire à ces illusions de jeune homme (encore que... filmé au téléphone portable et monté dans *Le Serment de Tobrouk*, ce moment d'août 2011, sur la place Verte, à Tripoli, où ça se met à tirer de tous côtés et où quelque chose – quelqu'un ? – me dit que je n'ai ni à presser ni à ralentir le pas, tout ira bien, je suis *protégé*...).

Mais je me suis forgé, à la place de ces illusions, une batterie de convictions qui, à la façon de ces

Ce que je crois

visages qu'on se compose avec le temps et dont, après quarante ans, on finit par être responsable, font, il me semble, partie de moi.

Je crois par exemple qu'il faut essayer, je dis bien essayer, au moins tant qu'elle n'est pas annoncée, de ne pas trop penser à sa mort.

Il y a deux écoles.

En parler tout le temps, s'entretenir avec elle et espérer, ainsi, l'apprivoiser.

Ou, au contraire, l'oublier, ne pas s'y préparer, ne pas mettre ses papiers en ordre, laisser les choses en suspens et espérer qu'elle aussi vous oubliera.

Je suis de la seconde école.

Avec, dans mon cas, des arguments supplémentaires.

L'exigence de décence vis-à-vis de l'autrui lointain qui n'a pas le loisir d'apprivoiser quoi que ce soit car il sait qu'il mourra comme un chien, « sans monde », disait Heidegger, et que sa mort, ce secret inviolable et sacré, lui sera volée.

La volonté de laisser en paix l'autrui proche dont je pourris la vie en l'entretenant, à tout instant, comme font les malades imaginaires, les docteurs Knock et les obsédés d'hygiénisme et de santé, de ma mort certaine et de son heure incertaine.

La mort, comme le soleil ?

Et puis une question de diététique mais, cette fois, à mon usage : une vie qui ne pense qu'à la mort, une vie qui s'y prépare sans cesse et où, soir et matin, on offre un coq à Esculape, une vie occupée à se tester, tracer et isoler, une vie passée à courir après des vaccins et, quand les vaccins sont là, à les mettre à l'épreuve des variants, est une vie nulle, une vie pour rien, une vie de nihiliste, Nietzsche a tout dit là-dessus.

Je crois aussi que tout n'est pas mortel, que tout ne retournera pas à la poussière et qu'il y a, dans une vie d'homme, quelque chose qui vivra après lui.

Oh ! je ne parle pas de son âme. Ni de sa chair. Et je n'en suis pas, comme Sartre dans ses entretiens ultimes avec Benny Lévy, à croire à la résurrection des corps.

Je parle de ses œuvres.

Je pense à ce qu'un homme a fait quand il s'est véritablement employé à faire.

Et je pense que, chez un écrivain notamment, mais un vrai, un qui œuvre avec sa pensée et avec ses mains, avec son intelligence et avec son souffle, avec sa sagesse et avec son désir, un chez qui l'âme et le corps bataillent, ferraillent et pactisent sur la page blanche, un qui écrit comme s'il y allait de sa vie et de sa mort et qui se jette tout entier, à corps perdu, de tout son souffle,

Ce que je crois

dans les livres qu'il écrit, un qui sue sang et eau (et je ne sais, quand on écrit ainsi, si l'on sue davantage à faire les choses ou à les relater), je pense que, chez cet écrivain-là, chez cet « horrible travailleur » (Rimbaud encore), il s'opère une chimie singulière.

Il y a des mots, parfois des lignes, où quelque chose s'est déposé, qui est lui sans l'être tout en l'étant éminemment puisque, même tombé de lui, même devenu étranger à lui, même si, comme Sartre par exemple, il ne s'y reconnaît pas et ne se relit plus, ce quelque chose est issu d'une forme et d'une matière qui étaient son essence et sont, littéralement, le meilleur de lui.

Ces mots, ces lignes, tant qu'il y aura des hommes, même peu nombreux, pour leur donner hospitalité dans leur cœur, je crois qu'ils vont continuer, sans lui, après lui, de vivre leur vie, de vibrer sur leur tige et, à la façon de ces tiges dont on dit, en botanique, qu'elles sont les rameaux chus d'un saule et recommencent de croître dans un manchon de sable, d'exister dans la vie des autres.

Et je crois enfin que, sur cette vie qui revit, traverse les espaces et les temps pour, émettant sa propre lumière, aller se marcotter dans celle d'autrui, sur cette vie satellisée, sur cette capsule de vie, sur cette vie qui palpite comme une âme

La mort, comme le soleil ?

de synthèse, qui sent et souffre à la façon d'un membre fantôme et à laquelle ne manque (et encore !) que la conscience, je crois que, sur cette vie, et pour autant qu'il demeure des oreilles pour continuer, d'abord d'entendre, puis de deviner, le bruit de son souffle d'origine, la mort, donc, n'a pas de prise.

Béni par les mots, en quelque sorte. Sauf par la vie des livres. C'est une autre conviction. Et elle aussi me rassure.

Et puis je crois enfin qu'une vie n'est une vie et ne fait de nous des humains accomplis que si elle est un peu plus que la vie et s'ordonne à une idée, un idéal, un principe, des valeurs, qui la transcendent et la hissent au-dessus de soi.

La liberté ou la mort, disaient les révolutionnaires français.

Plutôt mourir debout que vivre à genoux, clamaient ceux des héros de ma jeunesse que je n'ai pas cessé d'admirer.

Et cela pourrait se dire de beaucoup d'autres, moins glorieux ou pas glorieux du tout, sans trace, sans nom : je crois qu'il y a en chaque homme, vraiment chacun, et pas seulement chez ces grands par vocation transcendantale que sont les rois, les presque rois, les artistes, les écrivains, une passe vers la grandeur.

Ce que je crois

J'aime passionnément la vie et j'espère l'aimer encore longtemps et mieux : mais je sais qu'elle ne vaut rien si elle ne se nourrit pas de l'idée, non d'une grande mort, mais d'une grande vie ; et je pense que la plus grande des vies est celle qui, ayant résolu de laisser le dernier mot, non à la mort, mais à la vie, décide de ne pas l'accepter, la mort, quand elle rôde autour de ceux que l'on aime ou que l'on a décidé de protéger.

Je n'ai jamais cru à toutes ces histoires d'adrénaline, d'instants intenses, etc., qu'on se raconte au sujet des reporters de guerre et qui voudraient que frôler l'abîme et laisser ainsi, en soi, une fenêtre ouverte sur la mort, rehausserait le goût que l'on aura, après, de la vie retrouvée ; et je crois d'autant moins à cela que j'ai fait, maintes fois, l'expérience inverse et qu'après un reportage éprouvant, après avoir vu de près, non ma mort, mais celle des autres, j'ai peine à revenir, refaire surface, reprendre ma vie d'avant. Mais je sais ce que j'ai cherché, en même temps, dans tous ces voyages lointains, ces aventures, ces reportages. Et ce après quoi j'ai couru, c'est sans doute la diversité admirable de mes semblables, sa beauté ; mais, dans ces territoires que j'ai fréquentés et où l'on est grand, non parce que l'on est né tel, ou que l'on a choisi de l'être, mais parce qu'on n'a pas le choix et qu'on ne peut pas faire autrement,

La mort, comme le soleil ?

j'ai aussi trouvé, il y a cinquante ans, il y a vingt ans, il y a cent jours, peu importe, de belles histoires de résistance, de lutte, de bonté, d'abnégation, dont je ne me suis pas remis non plus et qui témoignent d'un amour vrai pour la vie grande.

On dira que ces convictions sont bien vagues, bien rhétoriques et qu'on ne voit pas de quel secours elles me seront quand viendra, pour moi aussi, l'heure de prendre congé.
C'est peut-être vrai.
Mais ce n'est pas de cette heure-là que je parle.
C'est de cet instant-ci.
Celui où je me pose sur la piste de brousse à Moxico.
Celui où je reviens de Jazeera, en Somalie, par la même route, car il n'y en a pas d'autre, que celle par où je suis arrivé et qu'il y a, de nouveau, une chance sur cent, ou sur dix, ou sur deux, que les terroristes d'Al-Chebab soient revenus y poser une mine.
Ou celui où je peux imaginer – car dès qu'il est question de la peur et des moyens de la conjurer, c'est toujours à son imagination que l'on est, à la fin des fins, rendu ! – mon corps blessé comme celui de Jean Hatzfeld en Bosnie, torturé comme celui de Daniel Pearl à Karachi ou malade comme je l'ai été, jadis, au Bangladesh.

Ce que je crois

Et, à ces instants, je ne pense pas me payer de mots en disant que c'est ainsi que je fonctionne.

Je ne mélancolise plus comme Rilke.

Je ne pose plus comme un émule de Malraux.

Je ne pleure pas comme Verdi et ne prêche pas comme un philosophe, ou un prêtre, exhortant à ne pas avoir peur.

Je ne suis même pas téméraire tant la témérité peut être, hélas, une forme d'inconscience, une façon de fermer les yeux sur le réel et d'éteindre la vie de l'esprit pour lui substituer la seule agitation du corps.

J'ai les yeux ouverts au contraire.

J'ai les yeux plus grands ouverts que je ne les ai jamais eus car ils ne sont plus, comme ceux des penseurs de la mort, occupés à la décorer ou à la conceptualiser.

Et c'est cet assemblage de lucidités et de certitudes, ce viatique de croyances et, encore une fois, de réflexes, qui cristallisent en moi, m'apaisent, lestent ma détermination et font que, seul pour de bon, sans ange tutélaire, pensant qu'il y a peut-être un risque mais que c'est un beau risque et qu'il faut le prendre, je vais de l'avant.

Et si l'on doute toujours, si l'on objecte que ces certitudes fleurent la crânerie et les terreurs mal surmontées, si l'on insiste qu'elles sont, comme on disait à l'Ecole normale, rhétoriques,

La mort, comme le soleil ?

mal construites, trop composées, vulnérables, et si l'on y devine encore quelque chose de la fragilité des jeux esthétisants de l'adolescence, eh bien qu'à cela ne tienne : au moins cela prouvera-t-il que c'est par le talon d'Achille qu'un homme est immortel.

CE QUE J'AI VU

1

*SOS Chrétiens, au Nigeria**

C'est un chrétien pentecôtiste nigérian qui m'a alerté.

Il est directeur d'une association prêchant le rapprochement entre les deux communautés, chrétienne et musulmane, qui se partagent le pays – il a 36 ans, souhaite rester anonyme pour des raisons de sécurité et a, dans l'allure, quelque chose de l'élégance ironique et souple d'un Barack Obama.

« Connaissez-vous les Fulanis ? m'a-t-il demandé, dans cet anglais parfait, un peu chantant, propre à l'élite nigériane, lors de notre première rencontre. Officiellement, ce sont des bergers peuls, de haute lignée sahélienne, qui fuient le réchauffement

---

* Ce texte, ainsi que les sept qui suivent, est donc paru dans *Paris Match*. Puis, dans une série d'autres journaux parmi lesquels *La Repubblica* (Italie), *The Wall Street Journal* (Etats-Unis), *Stern* (Allemagne), *El Español* (Espagne), *Expresso* (Portugal) et *Kathimerini* (Grèce).

climatique et descendent vers le sud, avec leurs troupeaux, en quête de verts pâturages. En réalité, ce sont des islamistes d'un genre nouveau, plus ou moins liés à Boko Haram. Le Global Terrorism Index les met au quatrième rang mondial, derrière Daech, les talibans et, justement, Boko Haram, des mouvements djihadistes les plus meurtriers. Et ils tuent les chrétiens avec un acharnement et sur une échelle que même les chrétiens d'Orient n'ont pas connus. Si vous ne me croyez pas, venez. Je vous en conjure, jugez par vous-même, venez. »

Alors, comme j'ai entendu parler, oui, bien sûr, de Boko Haram, cette secte de fous de Dieu qui s'est retranchée dans le nord-est du pays, dans les montagnes et les forêts de l'Etat de Borno, mais, en effet, pas des Fulanis, je suis parti pour le Nigeria.

Je suis allé à Godogodo, Etat de Kaduna, au centre, où j'ai filmé le témoignage d'une jeune évangéliste, Jumai Victor, très belle, à qui il manque un bras – mais elle a une façon de se tenir, un peu de biais, qui fait qu'on ne s'en avise pas tout de suite. C'était le 15 juillet, raconte-t-elle. Les Fulanis ont déboulé, de nuit, sur des motos à longue selle, trois par moto, en hurlant « Allahou akbar ! ». Ils ont brûlé les maisons. Tué ses quatre enfants sous ses yeux. Et, quand son tour est venu et qu'ils ont vu qu'elle était enceinte, une discussion s'est engagée : certains ne voulaient pas voir l'éventrement et on lui a juste débité le bras, à la machette, comme à la boucherie – d'abord les doigts ; puis la main ; puis l'avant-bras ; et puis le reste, quand le dernier du groupe s'est plaint qu'il n'avait pas eu sa part. Elle a raconté très vite, sans colère, les yeux ailleurs, on dirait qu'elle a perdu son visage en même temps que son bras. C'est la voix de son chef de village, quand il traduit, qui s'étrangle. C'est lui qui, lorsqu'elle se tait, laisse rouler une larme sur sa joue.

Je suis allé à Adan, chefferie de Kagoro, plus au nord, où j'ai enregistré le récit d'une autre femme, Lyndia David, rescapée d'un autre massacre. Ce matin-là, le 15 mars, on murmure que les Fulanis maraudent dans les alentours. Son mari, tandis qu'elle se fait belle pour aller à l'église et qu'il s'apprête, lui, à monter dans les collines pour, avec les autres hommes, faire le guet, lui demande de courir se réfugier chez sa sœur, dans le village voisin. A peine arrivée, la première nuit, elle est réveillée par les sifflets des guetteurs. Elle découvre, quand elle se rue au-dehors, que tout prend feu autour d'elle. Elle tente de fuir par ici – un Fulani bloque le passage. Par là – un autre l'arrête. Par là encore – les Fulanis sont partout, c'est comme un piège qui se referme. Une voix, alors, l'appelle qui parle

Ce que j'ai vu

dans sa langue. « Ici, fait la voix, c'est par ici qu'il faut passer, la route est libre, viens. » Et, comme elle fait confiance et va vers son sauveur, celui-ci surgit du fourré, se jette sur elle, lui coupe trois doigts de la main droite, lui entaille la nuque à la machette, lui tire dessus à bout portant et, la croyant morte ou mourante, asperge son corps d'essence et y met le feu. Miraculée, le corps comme une plaie, elle retournera à son village natal : les Fulanis l'ont attaqué la même nuit ; ils l'ont rasé ; 72 villageois sont morts – dont son mari.

J'ai vu, à Daku, près de Jos, capitale de la Middle Belt chrétienne, au cœur d'un paysage de prairies verdoyantes qui firent les délices des colonisateurs anglais, une église vandalisée, les tôles du toit effondrées, un tas de braises froides qui sont tout ce qui reste de la croix.

J'en ai vu une autre, intacte, à la sortie de Jos, avec une cour écrasée de chaleur et peuplée de jeunes filles en blanc et voilées. Un homme est sorti me dire que je n'avais rien à faire ici. Il parlait anglais. J'ai eu le temps de lui faire avouer, dans les minutes de palabre que je lui ai arrachées, qu'il était turc, membre d'un réseau d'« entraide religieuse » financé par le Qatar et chargé d'ouvrir, dans les localités du Nord et du Centre, des madrasas pour filles de Fulanis.

J'ai sillonné, ce jour-là, avec une escorte de policiers, envoyés par le district voisin, toute une zone de cette « ceinture centrale », dans un rayon d'une trentaine de kilomètres : pistes effondrées ; ponts explosés ; maisons cassées, aux ombres incomplètes, où l'on distingue, entre une paillasse calcinée, un seau et un ustensile de cuisine, des traînées de cendre noire ou de sang ; peu d'arbres, juste des troncs ; des terres abandonnées où les plants de maïs pourrissent sur pied parce qu'il n'y a plus, alentour, âme chrétienne qui vive, ou que les survivants, quand il y en a, sont trop terrorisés pour venir faire la récolte ; et puis, au loin, des myriades de taches blanches – ce sont les bêtes qui ont chassé les hommes ; ce sont les troupeaux des Fulanis qui paissent l'herbe grasse ; le paysage semble si grand tout à coup... Quand nous nous approchons, les bergers armés nous repoussent d'un geste de la main ; je n'en tire, ce jour-là, pas un mot.

L'évêque de Jos, qui s'est lui-même fait voler ses bêtes à trois reprises et qui, la troisième fois, a été traîné dans sa chambre, mis en joue et n'a dû son salut qu'à sa foi (il s'est jeté à genoux et s'est mis à prier, les yeux fermés, la voix très haute, jusqu'à ce que le bruit d'un hélicoptère couvre sa prière et chasse les assaillants), m'a raconté le déroulement, toujours le même, de ce qui m'apparaît, de plus en plus clairement, comme un nettoyage ethnique et religieux méthodique. Les Fulanis arrivent, le plus souvent de nuit. Ils sont pieds nus et, quand ils n'ont pas de moto, on ne les entend pas venir. Parfois, un chien donne l'alerte. Parfois, quand c'est de jour, un guetteur. Et, alors, c'est une galopade terrible ; un tournoiement de poussière ; des cris sauvages, comme s'ils avaient besoin de s'échauffer les uns les autres ; et, avant qu'on ait pu se barricader ou fuir, ils sont dans les maisons, machettant, courant vers les cris dans la nuit, cherchant les femmes enceintes, incendiant, pillant, violant. Ils ne tuent pas forcément tout le monde. A un moment, ils s'arrêtent. Ils récitent une sourate de circonstance, rassemblent les bêtes apeurées et s'en vont comme ils sont venus, très vite, les morts laissés en pâture. Il faut qu'il reste des vivants pour raconter. Il faut que demeurent des témoins pour dire, dans les villages, que les Fulanis sont capables de tout et ne craignent que Dieu.

A Abuja, capitale fédérale, ce sont dix-sept chefs de communauté chrétiens qui sont descendus me rencontrer, dans un *compound* discret de la périphérie de la ville. Certains ont voyagé plusieurs jours, dans des taxis-brousse ou des autobus bondés. Quelques-uns sont en retard car ils ont dû ruser avec les checkpoints de l'état d'urgence dans les Etats de Yobe et Adamawa, rouler de nuit et, une fois aux abords d'Abuja, se fondre dans la foule de cette ville où, pour certains, ils n'ont jamais mis les pieds. Mais ils ont fini par arriver, chacun avec une ou deux victimes. Ils sont là, épuisés et ardents, assemblée d'une quarantaine de femmes et d'hommes pénétrés de la gravité du moment, pleins d'attente, et venus, l'un avec une clef USB, l'autre avec un rapport manuscrit, le troisième avec un dossier de photos légendées, datées, qu'ils vont remettre, comme autant de bouteilles à la mer, à un inconnu dont ils ne savent rien mais qui sera peut-être le messager de leur souffrance. Je prends ces enregistrements. Je parcours ces documents. Je suis écrasé, moi-même, par le poids de cette espérance et de la tâche qu'ils me confient. Et s'il y avait, dans ces paquets de mots, ces feuilles volantes et ces mauvaises photos, l'amorce du mémorial où il faudra bien que soient consignées, un jour, les horreurs qu'ils ont subies ?

Pour l'heure, prenant la parole tour à tour, ces rescapés de l'enfer confirment le *modus operandi* décrit par l'évêque de Jos. Tous, à commencer par les victimes, avec leur regard vide qui semble dire qu'elles sont mortes même quand on les croit vivantes, ajoutent un détail affreux à ma moisson d'atrocités. Les cadavres mutilés des femmes. Ce muet à qui l'on demande d'abjurer sa foi et que l'on découpe, à la machette, pour lui arracher au moins un cri. Cette petite fille étranglée avec la chaîne de sa croix. Cette autre, fracassée contre un arbre, à l'entrée de son hameau. Et, chaque fois, cette banalité d'un mal dont eux-mêmes ne comprennent pas comment il a pu s'emparer de pâtres qui sont, eux aussi, après tout, des damnés de cette terre : l'appel des mosquées radicalisées par les Frères musulmans et qui se multiplient dans l'exacte mesure où les églises brûlent ? le suprématisme peul ancestral chauffé à blanc par de mauvais bergers ? ou juste la sauvagerie des hommes qui ne demande qu'à ressurgir quand on agite, sous leur nez, les maléfices ?

Je réalise, en tout cas, que c'est une vraie guerre que mènent les Fulanis. Et je comprends qu'il y a là un Boko Haram élargi ; un Boko Haram en extension et rampant ; un Boko Haram délocalisé, villagisé, démultiplié ; un Boko Haram qui a traversé les frontières où le monde le pensait cantonné et qui sème, partout, les graines de la tuerie ; bref, une forêt de crimes fulanis que cachait l'arbre de Boko Haram... Les deux sont liés, naturellement. Un humanitaire américain me parle même de stages « en brousse », dans l'Etat de Borno, pour volontaires fulanis. Un autre me dit qu'on a repéré, dans l'Etat de Bauchi, des « instructeurs » envoyés par Boko Haram pour initier les meilleurs des Fulanis au maniement des armes de guerre et leur permettre de dépasser l'âge des machettes. Mais les Fulanis, encore une fois, n'ont pas de frontières. Les Fulanis, c'est Boko Haram qui ne serait plus retranché dans un bastion équivalant à 4 ou 5 % du territoire. Les Fulanis, c'est la sauvagerie de Boko Haram étendue à tous les mécréants – chrétiens et musulmans – du Nigeria et, au-delà, du Tchad, du Niger et du Cameroun...

Souvent, dans les villages à l'ouest de Jos, sur la route de Kafanchan, j'ai demandé à voir les armes dont on dispose pour se défendre : des arcs et des frondes, des poignards, des bâtons, des fouets de cuir, des cailloux, des lances. Et encore ! Même ces armes de fortune, il faut les cacher ! Car, quand l'armée vient après les attaques, elle dit : « Interdit par la loi », et les confisque.

Plusieurs fois, j'ai noté qu'il y avait un poste militaire à proximité, censé protéger les civils contre les soldats de la brousse : mais les militaires ne sont pas venus ; ou ils sont venus, mais après la bataille ; ou ils ont prétendu n'avoir pas reçu à temps les SMS d'appel à l'aide, ou n'avoir pas eu ordre de faire mouvement, ou avoir été bloqués sur une piste impraticable.

« Comment en irait-il autrement ? » s'est indigné notre chauffeur tandis que nous partions en convoi vers Daku et son église incendiée. L'armée est complice des Fulanis. Ils marchent main dans la main. A Byei, il y a quelques années, après une attaque, on a même retrouvé dans le bush un matricule et un uniforme.

« Comment s'en étonner ? » a renchéri Dalyop Solomon Mwantiri, l'un des rares avocats de la région à s'être mis au service des victimes. L'état-major de l'armée nigériane est fulani. L'administration tout entière est noyautée par les Fulanis. Et le président Buhari, ce mixte africain d'Erdogan et MBS, qui a déjà régné, entre 1983 et 1985, à la suite d'un coup d'Etat et qui tient, aujourd'hui, grâce aux subsides d'Ankara, du Qatar et des Chinois, est lui-même un Fulani.

Cette complicité vient de se vérifier, dans le district de Riyom, pour quatre déplacés qui revenaient et ont été mitraillés près de Vwak. Les villageois connaissent les assaillants. La police les a identifiés. Tout le monde sait qu'ils ont trouvé refuge, après l'attaque, dans le village de Fass, deux kilomètres plus loin. Mais ils sont sous la protection de l'« ardo », sorte d'émir local des Fulanis. Et aucune arrestation n'a été effectuée.

Elle s'est vérifiée, selon Sunday Abdu, chef coutumier des Irigwe, dans le district de Bassa, lors d'un assaut contre Nkiedonwhro. Les militaires sont venus, cette fois, prévenir qu'il y avait une menace. Mais ils ont ordonné aux femmes et aux enfants de se regrouper dans l'école. Et, quand le regroupement a été fait, l'un d'eux a tiré en l'air, comme s'il donnait un signal ; un deuxième tir a retenti, au loin, comme en réponse ; et c'est quelques minutes plus tard, la troupe ayant quitté les lieux pour, se justifieront les officiers, donner la chasse aux assaillants, que ceux-ci ont surgi, sont allés directement à la salle de classe, ont tiré dans le tas et tué tout le monde.

Et puis je suis allé à Kwi, plus au sud, me recueillir sur la tombe de trois jeunes inhumés la veille. Le drame s'est noué le 20 avril. Ils venaient de repousser, à coups de bâtons, une attaque. La police – arrivée, comme à l'accoutumée, à l'heure des carabiniers – s'est gardée de poursuivre les agresseurs et les a embarqués, eux, les jeunes, avec quatorze de leurs voisins, pour « violences intercommunautaires ». Les quatorze sont réapparus assez vite, non sans avoir été copieusement torturés dans les locaux de la police. Mais eux demeuraient introuvables. Et c'est depuis quelques jours seulement que les villageois savent la vérité. On les a très tôt séparés des autres et tués. On a offert leurs corps à l'ECWA, l'hôpital de Jos. Et voilà donc des semaines que les étudiants en médecine faisaient, avec l'assentiment des autorités, des exercices d'anatomie sur leurs dépouilles démembrées, formolisées et stockées dans la glace. « Disposez-en comme vous voulez, a dit le responsable de la police quand on a fini, après moult enquêtes et expertises exigées par les villageois, par rendre ce qui restait des corps. Mais, si vous les enterrez, évitez les plaques et les croix. Interdiction de l'ardo ! »

J'ai vu, aussi, des Fulanis.

La première fois, ce fut par hasard. J'étais seul, avec Gilles Hertzog et un interprète, sans escorte, dans la Toyota qui nous menait à Godogodo. Nous sommes arrivés à un pont détruit qui nous a obligés à descendre dans le lit de la rivière jusqu'à une piste non carrossée. Et nous sommes tombés, en remontant vers la berge, sur un checkpoint constitué d'une corde tendue en travers de la piste et d'une paillote où somnolaient deux hommes en armes. « On ne passe pas, nous a signifié, en substance, le plus jeune, vêtu d'une vareuse piquée d'insignes en arabe et en turc. On est ici chez les Fulanis, terre sacrée d'Ousmane dan Fodio, notre roi, et les Blancs ne passent pas. » Ce souvenir du roi Fodio, dont les conquêtes, il y a deux siècles, aboutirent à l'instauration du califat de Sokoto, en pays peul et haoussa, je ne le croyais vivant que dans les Etats du Nord. Visiblement, non. Nous sommes à plusieurs centaines de kilomètres plus au sud. Et ce rêve d'un Etat islamique ressuscité sur les cadavres des animistes, des chrétiens et des musulmans qui résistent à la radicalisation a fait des émules jusqu'ici.

La deuxième fois, c'était aux portes d'Abuja. Nous roulions dans la campagne. Et nous sommes tombés sur un village qui ne ressemblait à rien de ce que nous avons vu en zone chrétienne. Un fossé. Une haie, derrière le fossé, d'arbustes et de pieux. Un côté claquemuré, retranché du monde. Et, au lieu des maisons, des cases d'où sort une nuée d'enfants et de mamans, couvertes de la tête aux pieds. Nous sommes dans un village de Fulanis sédentarisés. Nous sommes chez des nomades qui ne dédaignent pas, quand l'ennemi a fait place nette, de procéder à une fulanisation locale. « Que faites-vous ici ? nous interpelle, après quelques minutes, et tandis que nous feignons de nous intéresser à son champ de piments rouges, un adolescent surgi de nulle part et vêtu d'un tee-shirt avec une croix gammée. Vous profitez que c'est vendredi et que nous sommes à la mosquée pour venir espionner nos femmes ? C'est puni dans le Coran ! » Comme je lui demande si avoir une croix gammée sur la poitrine n'est pas, aussi, contraire aux enseignements du Coran, il marque un instant d'embarras. Puis se lance dans une diatribe d'où ressort qu'il est parfaitement conscient d'arborer un « insigne allemand » mais qu'à l'exception des « mauvaises âmes » qui « détestent les musulmans », il estime que « tous les hommes sont frères »…

Et puis j'ai vu des Fulanis à Lagos, donc dans le sud du pays. Il y a là, à la sortie du dernier quartier, dans une zone où l'on arrive après des heures de marche ou, ce qui revient au même, de « go slow », ces embouteillages monstres qui congestionnent la ville, un marché en plein air où ils viennent vendre leurs bêtes. Je suis avec trois jeunes chrétiens anglicans, rescapés d'un massacre dans la Middle Belt et qui vivent dans un camp de déplacés. Ils prétendent être des cousins, venus faire l'achat d'une bête en prévision d'une fête de famille. Et tandis qu'ils marchandent un zébu à cornes blanches (une demi-heure pour le faire passer de 1 600 à 1 200 dollars, puis une autre pour faire accepter que l'on n'en prenne livraison que le lendemain), je me mets en quête de Fulanis sachant raconter. La plupart sont, ce jour-là, partis de l'Etat de Jigawa, frontalier du Niger. Ils ont traversé le pays du nord au sud, en camion, pour conduire leurs bêtes jusqu'ici. Et, si je n'ai pas réussi à savoir grand-chose de leur périple, je n'ai guère eu de mal à leur faire dire la joie qu'ils ressentent à se trouver ici, à la lisière de cette ville honnie et promise, infecte et délicieuse – à pied d'œuvre pour, comme le leur ont ordonné leurs émirs, pouvoir enfin « tremper le Coran dans la mer ». Il y a « trop de chrétiens à Lagos », s'emporte Abdallah, le plus loquace, d'un air légèrement menaçant. « Les chrétiens sont des chiens et des fils de chiens. Vous dites les chrétiens. Mais, pour nous, ce sont des traîtres. Ils ont pris la religion des Blancs. Il n'y a pas de place, ici, pour les amis des Blancs, ces impurs. » Les bergers, autour de lui, opinent. Ils ont l'air convaincus, tout comme le marchand de cartes postales venu se joindre au groupe et me proposer des portraits d'Erdogan et de Ben Laden, que les chrétiens finiront par partir et que le Nigeria, alors, si Dieu le veut, sera libre...

On peut toujours, après cela, rapporter cette violence à d'immémoriales guerres interethniques.

Ce que j'ai vu

Et j'imagine bien qu'il y a aussi eu, en rétorsion, des sévices infligés aux tribus peules et haoussas.

Reste le terrible sentiment, au bout de ce voyage, d'être revenu au temps, 2007, où les cavaliers de Khartoum semaient la mort dans les villages du Darfour ; ou, avant cela, au Soudan du Sud, quand la mort de John Garang n'avait pas encore donné le signal de la guerre totale des islamistes contre les chrétiens ; ou, encore avant, au Rwanda, en ces jours du printemps 1994 où nul ne voulait croire qu'était en marche le quatrième génocide du xxe siècle.

Laissera-t-on l'histoire se répéter au Nigeria ? Attendra-t-on, comme d'habitude, que le désastre soit consommé pour s'émouvoir ?

Et demeurera-t-on les bras croisés tandis que l'internationale islamiste, contenue en Asie, combattue en Europe, défaite en Syrie et en Irak, ouvre un nouveau front sur cette terre immense où ont coexisté, longtemps, les fils d'Abraham ?

C'est tout l'enjeu de ce voyage au cœur des ténèbres nigérianes.

C'est tout le sens du SOS Chrétiens du Nigeria, que je lance aujourd'hui.

2

Justice pour les Kurdes !

Les voici, les Français de Daech. C'est une prison moderne, à Derik, sud de Qamishli, la capitale. Un missile turc est tombé tout près, comme pour les inciter à s'évader. Mais la prison est tenue. Les gardiens sont casqués, masqués, vêtus de noir. Et l'on n'accède au quartier de haute sécurité qu'après avoir franchi une série de couloirs, de grilles et de portes blindées. Ils sont une douzaine, regroupés au fond de la cellule, de dos et, à notre arrivée, en train de prier. Mais, à l'appel de leur cerbère posté derrière le judas, ils se retournent comme un seul homme et je me trouve face à ces djihadistes qui furent, m'a-t-on prévenu, les pires assassins de Raqqa mais qui, dans cette pièce trop éclairée, sentant la vieille cave et où s'entassent des couvertures aux couleurs criardes, ont l'air de pauvres hères, joggings et polos crasseux, yeux ternes, résignés. Sauf un, blessé, les jambes prises dans un appareillage de pinces et de ferrailles, qui me hurle, avec un accent chti : « on vous a reconnu ! » Puis, déclenchant un brouhaha de plaintes maigres : « est-ce que vous savez qui va nous juger et quand ? » Ces hommes qui ont terrorisé le monde sont, aujourd'hui, coupés de tout. Sans lumière du jour, sans portables, leur unique téléviseur leur ayant été repris au début de l'offensive turque, ils ignorent par exemple que Baghdadi, leur calife, est mort. Ils n'ont, à cet instant, qu'une idée : être extradés du Rojava ; ne pas finir à Bagdad où règne la peine capitale ; revenir en France, pays des droits de l'homme et des droits de la défense... Pathétique. Et diabolique.

Quelques kilomètres plus loin, deuxième prison. Celle des enfants. En réalité, c'est une sorte de cloître bordé d'arcades et transformé en maison de correction. Et il y a là une centaine d'adolescents, tous des garçons, qui, comme le New-Yorkais Nelson ou le petit Toulousain Ahmed, disent n'avoir commis d'autre crime que d'avoir un père ou une mère terroristes. Ils semblent des petits animaux traqués. Beaucoup ne savent pas si leurs parents sont encore en vie. Un jeune d'origine tchétchène, brillant, nous sert d'interprète. Et ils ont cet air d'anxiété désœuvrée qui est le signe

Justice pour les Kurdes !

des gamins privés d'avenir. Mais, très vite, on nous conduit dans une pièce fermée où attendent deux Français qui resteront les yeux baissés pendant l'essentiel de l'entretien. L'un raconte avoir, fort du savoir-faire acquis en arrachant les yeux aux chats du souk de sa bourgade, à 8 ans, égorgé un voisin qui manquait de respect à sa grande sœur. L'autre, visage d'ange, beaux yeux gris sans regard, ramassait les têtes que son père, bourreau à Raqqa, décapitait. Mon Dieu ! Que faire de ces aveux ? Quelle déradicalisation, quel rachat, pour ces enfants monstres ? Et le pire crime de Daech n'est-il pas d'avoir voulu faire de ces « lionceaux » les garants d'une infamie qui passerait de génération en génération ? Je demande au second, le fossoyeur en herbe, s'il lui arrive de repenser à ces visages sans corps, d'en rêver la nuit. Il me fait répéter la question. Il me fixe pour la première fois, mais avec un air d'indéfinissable stupidité. Il ne sait plus ce que rêver veut dire.

Kurdistan est son nom de guerre. C'est un petit bout de femme, jolie, les cheveux nattés, qui commande un bataillon d'une centaine de filles stationné quelque part à proximité de la ligne de front. Les soldates, lorsque nous arrivons, à l'aube, sont à l'exercice. Mais elle nous entraîne dans une bâtisse où, avec une poignée

Ce que j'ai vu

de camarades s'asseyant, comme elle, la kalachnikov au sol, sur un tapis qui nous évite la froideur matinale du ciment brut, elle va raconter, d'une voix musicale, en prenant bien son temps, comment l'unité a vécu l'invasion turque. Le bruit des avions couvrant l'avancée des tueurs au sol venus d'Afrin. Les deux blessées qu'on est allé chercher sur la route, sous le feu. Cette jeune héroïne, tuée à bout portant, dans un faubourg de Tall Abyad, dont le souvenir la hante. Et puis le moment où l'on a compris que les Américains allaient vraiment partir et qu'il fallait se replier pour sauver ce qui pouvait l'être de la Commune du Rojava et, un jour, contre-attaquer. Je pense aux femmes combattantes qui, dans l'*Iliade*, étaient les protectrices des villes. Je pense à Penthésilée, reine des Amazones, qui aime Achille, l'affronte en combat singulier et, dans la version de Kleist, parvient à le tuer. La différence, c'est que ces jeunes femmes n'aiment ni leur ennemi ni quiconque. Ces guerrières sont mariées avec le Rojava comme des moniales avec le Christ. Ni séduction ni passion : le puritanisme laïque d'un peuple d'Antigones qui veille sur ses 11 000 morts de la guerre contre Daech et, désormais, contre Erdogan.

Des Kurdes, on dit qu'ils n'ont pas d'amis, sauf les montagnes. Dans ce Kurdistan syrien, tout en

Justice pour les Kurdes !

plaines, en longs villages à demi construits et en puits de pétrole rudimentaires, il n'y a même pas de montagnes. Est-ce à dire qu'ils n'ont, ici, pas d'amis du tout ? Je pose la question à Fawza Youssef, écrivaine, féministe et membre de la direction collégiale du Rojava. Non, proteste-t-elle, à Qamishli, dans les bureaux surchauffés de l'Autonomous Administration of North and East Syria. Les démocraties sont nos amies. Les sociétés civiles sont nos amies. Et cette société-ci, la nôtre, celle que nous sommes en train de bâtir, est encore notre amie. C'est une société égalitaire. Elle ne tient compte ni des différences de religion ni des races. Et, contre la loi du patriarcat qui est la vraie maladie de l'islam, elle met femmes et hommes sur le même pied. Fawza n'est pas marxiste. Elle est au courant, s'exclame-t-elle dans un éclat de rire qui adoucit son visage de pasionaria marqué par les luttes, du débat, en Occident, sur la fin du marxisme, et de la réputation faite au Rojava d'en abriter l'une des ultimes variantes. Mais on n'a pas besoin d'être marxiste pour, « comme en République française », conjuguer liberté, égalité, fraternité. Et ce mélange d'horizontalité et de génie spartiate, d'esprit libertaire et de discipline révolutionnaire, de communalisme écologique et d'internationalisme, c'est, insiste-t-elle, le pilier du Rojava et l'âme de sa résistance.

Aldar Khalil n'a pas de fonction officielle. Il est un vétéran parmi d'autres de ce peuple en armes qui construit, depuis 2011, sa République des Egaux. Et il n'est rien, m'assure-t-il d'un geste vague de la seule main qui lui reste, qu'un des inspirateurs d'une coalition de partis kurdes qui s'appelle le Mouvement pour une société démocratique. Mais, au respect dont chacun l'entoure, à l'empressement des sentinelles qui, lorsqu'il est arrivé, ont interrompu leur partie de backgammon et à son ton de feinte modestie quand il concède qu'il lui arrive bien de donner, oui, une recommandation par-ci, une directive par-là, je comprends que les choses sont plus compliquées et que, dans l'organisation réelle du Rojava, au sein de son comité invisible où nul ne doit, en principe, prendre le pas sur les autres, il est celui dont l'ascendant s'impose. Contrairement à Fawza, il a reçu une formation marxiste. Il est d'ailleurs le seul de nos interlocuteurs à assumer avec fierté le lien avec le PKK de Turquie. Et, lorsqu'il évoque et justifie les renversements d'alliance auxquels les Kurdes de Syrie, lâchés par l'Amérique, dos au mur, sont désormais condamnés, il me fait penser à Lénine, dont Isaac Babel disait qu'à l'inverse

Justice pour les Kurdes !

du Dieu de Pascal il écrit courbe avec une ligne droite. Même inflexibilité de la volonté. Même froideur dans l'analyse de la mécanique des événements. Et même art de la dialectique pour théoriser, comme le Lénine de Brest-Litovsk, l'amer compromis avec Bachar el-Assad et Poutine.

« Bonjour, mon général. Quelle est la situation sur le terrain ? » La voix hachée, au téléphone, est celle d'un jeune président qui, là-bas, dans Paris en proie aux grèves, prend quarante minutes de son temps pour s'inquiéter de l'état des forces kurdes et de ce qu'elles attendent de la France. Le général Mazloum Abdi est le commandant en chef de l'armée kurde à qui l'on doit le fameux « entre le génocide (Erdogan) et le compromis (Bachar), nous choisissons la vie » et que, depuis ce jour, les drones turcs traquent et ciblent partout où il est signalé. Et nous sommes là, pressés autour de mon iPhone et d'un interprète improvisé, dans le recoin le mieux connecté du lieu parfaitement improbable, mi-hôtel désaffecté, mi-faux Club Med en déshérence, où a été fixée la rencontre : il nous est apparu là, à la nuit tombée, sans armes, accompagné de deux officiers, en haut d'un escalier absurde et qui ne menait nulle part. Il ne m'appartient pas de donner la teneur de l'échange entre Emmanuel Macron et l'ennemi public numéro un d'Ankara. Mais, si Aldar est le Lénine caché du Rojava et Fawza sa Kollontaï, il est, lui, Mazloum, son Trotski. Et, parmi les points en discussion avec la Syrie, il en est un qui est de son ressort et dont il a bien dit à son ami français, entre deux coupures de réseau et d'une voix que la pénombre rendait plus solennelle encore, qu'il n'est pas négociable : l'autonomie de son armée ; le maintien de sa chaîne de commandement ; et l'assurance qu'affectée à la seule défense du Rojava elle n'aura pas à tremper, du côté d'Idlib par exemple, dans telle sale bataille décidée par les criminels contre l'humanité de Damas. Cette exigence, à la fois vitale et dictée par l'honneur, la France, cette nuit-là, en a pris note…

De l'autre côté du Tigre, Daech est de retour. Nous sommes, à 40 kilomètres au nord d'Erbil, sur la crête de Karachok qui est la position la plus élevée des peshmergas depuis qu'en octobre 2017, après le référendum d'autodétermination, les milices pro-iraniennes du général Qassem Soleimani les ont chassés des territoires « disputés ». Et Daech est là, oui, à 800 mètres de nous, en contrebas. Un obus de mortier a atterri ici il y a une heure. Puis un tir de sniper qui a frôlé le toit des casemates. Et l'on aperçoit même, avant que ne les enveloppe la brume qui gagne la vallée,

Justice pour les Kurdes !

deux pick-up suspects sur une piste déserte. Le général Sirwan Barzani n'a pas l'air plus surpris que cela. Il a toujours dit, rappelle-t-il tandis qu'il observe un grand oiseau qui tourne et fond dans le recreux avant de remonter, très vite, vers les nuages, que les djihadistes rempliraient immanquablement le vide laissé par ce retrait forcé des Kurdes. Et le voilà donc, ce tycoon condottiere, ce président-fondateur de la compagnie nationale de télécoms, qui passe à nouveau ses jours et ses nuits ici, à la dure, au milieu de ses hommes, montant la garde face aux barbares. C'est cet héroïsme civique que j'ai aimé chez les peshmergas. C'est ce côté citoyens-soldats, tous âges et conditions confondus, les seigneurs des collines de Barzan mêlés aux paysans frustes sortis de la nuit kurde, les joues salies de barbe. Et c'est cette fraternité inquiète et joyeuse que je retrouve ici, aujourd'hui.

L'idée a-t-elle été validée par Washington ? Ou est-ce de son seul chef que Steven Fagin, consul général des Etats-Unis au Kurdistan d'Irak, a voulu cette projection de *Peshmerga* dans la minizone verte bunkerisée où, dans le quartier chrétien d'Ankawa, au cœur d'Erbil, l'Amérique a son siège ? Je ne le saurai pas. Mais ce qui ne fait pas de doute, c'est l'émotion partagée au moment des scènes les plus dramatiques du film : le jeune général aux cheveux blancs, sans casque, face à Daech, fauché d'une balle en pleine tête ; Ala Tayyeb, mon chef opérateur, sautant sur une mine, l'épaule broyée ; ou le bataillon de femmes montant à l'assaut du barrage de Mossoul. Je sais qu'il y a là, dans cette salle de cinéma improvisée, des commandants de forces spéciales. Des membres de la CIA. Des professionnels de la diplomatie, aguerris aux turpitudes de la realpolitik. Or tous, quand la lumière revient, semblent s'accorder sur la même note d'embarras et, peut-être, de remords : toujours, dans toutes les guerres, les hommes libres ont du sang sur les mains ; mais, d'habitude, c'est celui de leurs ennemis ; alors que, là, au Kurdistan, c'est celui de leurs amis, de leurs plus braves et loyaux alliés ; comment la nation de Pershing et de Patton, la plus ancienne démocratie du monde, leur patrie, a-t-elle pu céder à pareille trahison de soi ?

Massoud Barzani était, alors, président. Il a passé le flambeau à Nechirvan, son neveu, après le référendum désavoué. Et je le retrouve dans le palais où j'étais venu plaider que, comme de Gaulle obtenant d'Eisenhower, in extremis, qu'une division française libère Paris, il devait obtenir des Etats-Unis le feu vert pour entrer dans Mossoul occupé par Daech. Il a gardé la même autorité silencieuse. La même prestance malgré sa petite taille. Et les mêmes tenue et turban d'éternel peshmerga. Avec, pourtant, un soupçon d'amertume quand il raconte l'histoire de la bataille d'Altun Kupri, où l'un de ses commandants sut, tel Léonidas aux Thermopyles, tenir plusieurs jours en respect une colonne encadrée par des Gardiens de la révolution iraniens commandés, en personne, par Qassem Soleimani. Puis celle de Shila où ses troupes détruisirent 57 véhicules blindés et dont nul, en Occident, n'a parlé. Se peut-il qu'une bataille de cette importance passe sous les radars de l'Histoire ? J'aime, en tout cas, qu'il ait, comme les généraux de Valmy, de Tsahal et de la jeune révolution soviétique, tenu tête au reste du monde. J'aime son côté perdant magnifique, errant dans son palais désert, tel un vieux roi déchu, sans divertissement mais glorieux. Et j'aime que, comme Cincinnatus revenu à sa charrue, ou Camille rendu à la sagesse après avoir sauvé Rome de l'invasion gauloise, il demeure le père de la nation.

C'est une scène du *Désert des Tartares* ou du *Rivage des Syrtes*. Nous sommes à trois heures de route d'Erbil, vers l'est, tout près de la frontière iranienne. C'est ici que le troisième Kurdistan, que l'on appelle le Rojhelat, a des combattants en exil qui servent sous uniforme peshmerga. Et il y a là, dispersés dans un paysage de roches sauvages et menaçantes, postés dans des abris de pierre inlassablement fortifiés et équipés d'armes que l'on fourbit avec une patience digne de Sisyphe, une poignée d'hommes en état d'alerte perpétuelle qui prient, depuis quarante ans, pour que tombe le régime des mollahs. L'enjeu est immense. Ces guérilleros de l'arrière, qui n'en finissent pas de se préparer à un assaut qui ne vient pas, sont parmi les plus endurcis des peshmergas. Mais cette vie d'attente et d'héroïsme retenu, ce pressentiment d'un affrontement constamment différé, cette succession de jours où les armes s'endorment et où l'on peut finir par mourir d'avoir crié « qui vive » face à un invisible ennemi, ces nuits sans horizon où les guetteurs s'aveuglent et semblent, à force, des ermites sur leur colonne, ce temps immobile où ne tombent que la neige en hiver, le soleil tous les soirs et le vent qui, dans ses bons jours, porte, à travers la montagne, l'illusion d'une voix qui pourrait être celle des six millions de frères iraniens sous la botte – tout cela désespère.

Et puis, tout à coup, ce n'est plus le désert des Tartares. Et les pasdarans, de l'autre côté, exaspérés par ces infatigables résistants et leurs incursions clandestines, décident de frapper et lancent, comme l'an passé, une salve de trois missiles qui s'abattent, ici, à Koya, sur le QG du PDKI dont ils sont le bras armé. Nous sommes dans la petite pièce où le bureau exécutif du parti qui siégeait, ce jour-là, au complet s'est réfugié après le premier tir et a été fauché, quelques secondes après, par le deuxième et le troisième. Khalid Azizi, son secrétaire général, parce qu'il s'était attardé pour porter secours à un blessé, a été miraculeusement épargné. Mais le reste du bureau a été exterminé. Et il me montre, aux murs du mémorial qu'est devenue cette chambre de la mort, les portraits des disparus et, pieusement disposés dans des vitrines le long des murs, des cartes d'identité, des sandales, des portables, des paires de lunettes, un peigne, une montre, une plaquette de médicaments, une arme de poing, un turban taché de sang, une médaille. Les Kurdes sont un peuple oublié. Mais ces Kurdes-ci, ces riverains des nouvelles Syrtes qui ont mis un point d'honneur à reconstruire à l'identique cette amirauté fantôme sont, comme leurs frères que l'on pend, torture ou emprisonne entre Mahabad et Marivan, les plus oubliés des oubliés.

Sur la route du retour, dans un dernier village au pied de la montagne, nous tombons sur

Ce que j'ai vu

un bazar de fortune où s'amoncellent des marchandises dans de vagues emballages. Il y a là des ordinateurs et des cantines de conserves, des médicaments, de la quincaillerie et des couches pour bébés. Il y a tout ce dont le Kurdistan iranien, affamé par le régime et les sanctions internationales, a besoin pour ne pas mourir. Et des hommes de tous âges sont en train d'entasser ces paquets dans des guimbardes qui vont prendre la route de la montagne. Parce qu'ils franchiront les crêtes du Zagros, portant à dos d'homme leurs ballots de misère et de survie, on appelle ces contrebandiers des « kolbars » : kol comme le dos, bar comme porter – ils seraient des dizaines de milliers, comme ceux-là, dans toute la province... Mais parce qu'ils vont prendre tous les risques, défier des pistes verglacées et une soldatesque iranienne qui tire sans sommation, parce qu'ils nous font aussi penser aux Bosniaques qui ravitaillaient Sarajevo par la piste du mont Igman ou aux internationaux qui franchissaient les Pyrénées pour rallier la République espagnole, nous les voyons comme des résistants d'une autre sorte. C'est à l'un d'eux, 70 ans, en deuil de son fils aîné qui était son compagnon de piste et qu'il a laissé là-haut, au début de l'hiver, pétrifié dans la neige, que je cède le dernier mot de cette traversée des trois Kurdistans. « Les enfants de mes enfants, leurs enfants, sont-ils condamnés, a-t-il dit, avant que ne se mette en route la cordée des portefaix, à cette existence de fourmis humaines ? Continueront-ils de vivre, de faire vivre et de mourir pour ces bouts de plastique et ces cartons ? Et combien de générations faudra-t-il pour que leur espérance ne leur soit plus ce fardeau ? » La nation kurde a payé trop cher son endurance et son rêve invaincu d'un Kurdistan indépendant, libre et sans frontières. Rendons-lui justice. Il est temps.

3

*Dans les tranchées de la guerre
en Ukraine*

C'est un gros hélicoptère de transport de troupes, datant de l'ère soviétique. Il vole bas, presque en rase-mottes, le nez piquant vers le sol, pour éviter les radars russes. Et c'est au bout de deux heures, après avoir survolé un paysage de terres lisses, de lacs gelés et de villages en ruine émergeant peu à peu de la nuit, que nous sommes arrivés à Marioupol. C'est là que l'état-major ukrainien a organisé, au quartier général de la Navy Guard, notre première rencontre avec les commandants qui tiennent tête, depuis cinq ans, aux séparatistes prorusses du Donbass. Mais je n'ai pas attendu leur briefing. Et j'ai à peine eu besoin des images satellitaires montrant les trois croiseurs russes bloquant, au mépris de la loi internationale, le passage entre la mer d'Azov et la mer Noire pour constater l'état des choses. Le marché aux poissons du centre-ville, presque vide... Les magasins de l'avenue Lénine, mal achalandés... Les énormes hauts-fourneaux de l'usine Azovstal tournant à mi-régime et dégageant des nuages de fumée noire et sale, mais étonnamment maigre... Il y a là l'une des plus grandes villes d'Ukraine. Elle fournissait, avant cette guerre, près de 10 % du PIB du pays. Eh bien les séparatistes, faute de la soumettre, l'ont mise sous blocus et sont en train de l'asphyxier.

Shyrokyne fut, à 11 kilomètres à l'est, la station balnéaire de Marioupol. Des deux mille résidents qu'elle comptait, il ne reste, ce matin, qu'un couple d'ex-hôteliers venu, sous protection d'une unité de la Garde nationale, fleurir la tombe d'un père enterré, l'an dernier, à la va-vite, dans le jardin familial. Et, des élégantes maisons des rues Shapotika et Pouchkine, il ne demeure que des amas de décombres assez semblables à ceux que laissaient derrière eux, en Irak et en Syrie, les artificiers de Daech. Shyrokyne, insiste Marta Shturma, la jeune lieutenante qui fera office d'interprète pendant toute la durée de ce reportage, était une villégiature ordinaire. Il suffit de longer le front de mer, aux eaux devenues grises, pour sentir qu'elle n'avait aucune importance stratégique. Et cette église au plafond crevé, cette clinique réduite à ses piliers de béton et minée, cette école que l'on a pulvérisée à l'arme lourde et où l'on retrouve, comme après un tremblement de terre, un tableau noir arraché, des cahiers d'enfant à demi calcinés et un cartable miraculeusement épargné, on se dit que les séparatistes les ont détruites comme à plaisir. La rage d'avoir eu à piétiner, des mois durant, aux portes de Marioupol ? La vengeance urbicide de soudards qui, avant de reculer, auraient pratiqué la politique de la ville brûlée ? La joie sadique à voir les derniers habitants fuir, comme Maxime et Tatiana, les revenants de ce matin, sous un feu en enfilade ? Nous sommes en 2020, en Ukraine. Mais il faut imaginer une armée de Vandales qui, faute de prendre Le Havre, aurait réduit en cendres Honfleur ou Deauville.

Mais la guerre n'est pas finie. Et j'en aurai la preuve 90 kilomètres au nord, à Novotroitske, où s'est positionnée la 10ᵉ brigade d'assaut de montagne. Il a fallu une heure de mauvaise piste, après l'autoroute, pour arriver aux avant-postes. Et nous apprenons que, ce matin même, à 7 h 15, un soldat a été tué et un autre blessé. Nous passons la matinée là, avec le général Viktor Ganushchak et une unité de forces spéciales, à sillonner un interminable réseau de tranchées, tout en angles et en chicanes, comme les rues d'une ville enterrée. Certaines sont profondes, semblables à des galeries,

Dans les tranchées de la guerre en Ukraine

étayées de planches et de rondins. D'autres sont à découvert, cachées derrière un rideau de faux lierre gris, et ne protègent que si l'on se plie en deux. Tous les 50 mètres, un homme veille, parfois dans une casemate où chauffe un poêle à lignite qui pique les yeux, parfois derrière une meurtrière garnie de vieille paille. Le général est fier de me montrer cette ligne bien nouée de sentinelles disciplinées et qui ne se laisseront plus enfoncer comme lors des offensives éclairs de 2014 et 2015. Je n'ose lui dire que, face à ces hommes harassés, les yeux gonflés d'insomnie, que l'on ne relève que tous les six mois et qui, à force de piétiner dans leur boyau de terre, ne savent plus où ils sont, j'ai l'impression d'un Verdun suspendu, gelé et terriblement archaïque...

Krasnohorivka, quelques kilomètres encore plus au nord, est presque au contact de Donetsk, la capitale de la République autoproclamée du même nom – et c'est ici, en réalité, que les deux hommes de ce matin ont été touchés. Nous avons traversé Marienka, épargnée par les combats. Nous sommes allés à l'église de la ville, intacte en haut de ses escaliers de pierre, et dont les fidèles croient que les bulbes dorés les ont protégés des pluies de bombes. Et nous avons franchi les derniers kilomètres en espaçant les véhicules de notre petite colonne car l'adversaire, là, n'est plus qu'à quelques centaines de mètres. Maxime Marchenko, le colonel de la section, dit bien « l'adversaire ». Jamais je ne l'entendrai, pas plus qu'aucun de ses homologues, dire « les séparatistes » ou « les prorusses ». Car la cause, pour lui, est entendue. Ce sont les Russes, pas les prorusses, qui lui tirent dessus. « Regardez, me dit-il, en montrant les débris d'un missile Grad. Seul le Kremlin a des armes pareilles. Et venez voir encore ceci… » Nous montons au septième étage d'un immeuble administratif transformé en QG de campagne et surélevé d'une tour de guet. Là, à la jumelle, à travers la fente ménagée en haut du mur de sacs de sable, nous distinguons les faubourgs de Donetsk, cette ville immense qui s'est longtemps appelée Stalino et qui, avec ses barres de béton, ses usines en pleine ville, ses terrils et les carcasses métalliques de son aéroport détruit, semble, à distance, un Jurassic Park du soviétisme. Et puis, à l'avant-plan, un convoi à l'arrêt de tanks Gvozdika du type de ceux qui opéraient dans la seconde guerre de Tchétchénie et dont on imagine mal, en effet, qu'ils puissent venir d'ailleurs que des arsenaux de Moscou.

Dans la zone de Myroliubivka, nous sommes encore plus au nord, mais plus loin du front. Et nous tombons sur une aire de tir où sont positionnés trois canons de 155. C'est juste un exercice d'alerte, s'empresse de préciser le commandant de la place tandis que nous voyons s'affairer, autour des bouches de feu, une vingtaine de jeunes artilleurs ukrainiens. Mais il ne peut s'empêcher d'ajouter (je résume) : « regardez ces monstres d'acier ; regardez ces hommes habiles à charger et décharger la bête, calculer l'angle de tir, reculer, recharger, manœuvrer les culasses ; nous sommes une armée civique ; nous obéissons aux ordres de notre commandant en chef, le président Zelensky ; et nous mettons notre point d'honneur, au contraire de l'adversaire, à respecter le cessez-le-feu prévu dans les accords de Minsk ; mais je vais vous dire une chose : que change la stratégie, que l'état-major décide une contre-offensive et nous ordonne de libérer les territoires perdus de Louhansk et de Donetsk, et l'Europe verra que cette armée de citoyens est une force redoutable et capable, désormais, de terminer cette guerre ». Et je ne peux m'empêcher, moi, de songer à ce bataillon que j'avais vu, il y a cinq ans, du temps de Petro Porochenko, dans les faubourgs de Kramatorsk que venait de ravager un bombardement. Il m'avait paru bien démuni. Bien vulnérable. J'ai en mémoire ces soldats au visage empreint d'une pâleur mortelle et si épuisés qu'ils dormaient debout, adossés au mur de la salle où le président avait improvisé une réunion d'urgence de ses commandants – l'un d'entre eux en équilibre sur ses béquilles. Quel chemin pour en arriver à l'image qui, aujourd'hui, s'impose à moi : une Ukraine debout et qui tient sur les épaules de ses quelques dizaines de milliers de soldats de l'an VI !

Pisky, toujours plus au nord mais, de nouveau, à portée de Donetsk, est complètement détruite et minée. Nous avons dû y entrer à pied, bien à la queue leu leu, derrière la patrouille venue nous récupérer. Pas un immeuble debout. Des pavillons explosés dont on a condamné les fenêtres, désormais aveugles, par des planches clouées en croix. Des rues aux airs de terrains vagues où l'herbe morte le dispute à la neige fraîche. Plus d'eau. Plus de poteaux électriques ni d'égouts. Des quelques milliers d'âmes que comptait l'agglomération avant ce déchaînement de folie, il ne resterait que trois familles terrées dans leurs caves. Et encore ! Le chef de la patrouille ne les a plus vues depuis des semaines ! Et peut-être, s'exclame-t-il en riant et en feignant de compter sur ses doigts, n'y a-t-il plus de vivant, dans ce paysage de fin du monde, que lui ; les snipers russes infiltrés qui, dès la nuit tombée, tirent aux infrarouges ; et ses quelques dizaines d'hommes enterrés, avec leurs mitrailleuses, dans la terre et la glace ! Mais même eux, en vérité, nous demeureront invisibles. Même lui, le commandant à l'humour noir, nous paraît pris dans l'irréalité du lieu. Et même Marta, l'interprète, a, pour la première fois, une voix grêle, un peu étranglée, dont l'écho paraît vibrer, plus longtemps que de raison, dans l'air froid. On entend des cris d'éperviers dans le lointain. On croise un chien maigre qui lèche le bord d'un puits de pierre. Un autre, échoué sur un tas de détritus, les pattes raides. Pisky est une ville fantôme. Hommes et bêtes y semblent des spectres. Rien ne m'aura plus terrifié que ce paysage éventré, sans vie, où l'on marche au milieu d'ombres blêmes et engourdies.

J'ignore ce qui m'a pris. D'autant que cette guerre, qui a déjà fait 13 000 morts, auxquels s'ajoute, chaque semaine, malgré le gel officiel des combats, une moyenne de dix nouvelles victimes, n'en est plus à un cadavre près. Mais je me suis réveillé, ce matin, avec l'irrépressible volonté d'en savoir davantage sur le mort et le blessé de Krasnohorivka, avant-hier, 7 h 15, avant notre arrivée. Cap, donc, sur l'hôpital de campagne de Pokrovsk où ils ont été évacués. Le premier, Yevhen Shchurenko, est à la morgue, la

Ce que j'ai vu

tête explosée, revêtu d'un uniforme neuf qui lui donne un air de martyr. Le second est dans une chambre commune, avec cinq autres victimes, civiles et militaires, des tirs de la semaine. Il y a, dans le lit d'en face, un adolescent qui râle doucement, comme s'il cherchait à économiser sa douleur. Un autre, étrangement agité, de la bave de sang aux lèvres, le médecin chef dit qu'une canonnade l'a rendu fou. Quant à lui, celui que nous sommes venus voir, il est d'abord mutique. Il a le regard fiévreux et absent de ceux pour qui rien ne compte que d'avoir un peu moins mal. Et puis il change d'avis. Et, prenant appui sur la ridelle du lit, écartant délicatement le drap pour montrer ses pansements à l'abdomen et à la cuisse, il raconte, d'une voix faible mais ferme, deux choses. Comment il a été touché par des éclats d'obus à l'instant où, après les corvées du matin, il se glissait dans sa tranchée pour rejoindre son poste. Et qu'il avait eu trop confiance dans ces patrouilles européennes dont on dit, dans la zone, qu'elles sont là pour garantir le cessez-le-feu… Me revient alors que nous avons vu deux voitures blanches de l'OSCE, l'Organisation pour la sécurité et la coopération en Europe, arriver, ce matin-là, deux heures plus tard, à 10 h 30, alors que nous nous apprêtions à remonter dans notre véhicule, non loin du lieu du tir… Et me revient la remarque goguenarde d'un officier lançant, à la cantonade, que ces « guignols » auraient dû être là depuis l'aube… Un lien entre ceci et cela ? Entre ce retard et ce drame ? Et est-ce pour le vérifier que je suis venu ? Peut-être.

Stanytsia Luhanska est la position la plus au nord de la ligne de front. Et il y a là le dernier des points de passage que les belligérants ont aménagés entre Ukrainiens des deux bords. Formellement, c'est un corridor coupé en deux par un grillage d'acier et contrôlé à chaque bout par une sorte de douane, séparatiste à l'est, loyaliste à l'ouest. Mais un détail saute aux yeux. Il n'y a quasi personne, à cette heure, pour faire le chemin vers la zone séparatiste. Alors qu'il y a, dans le sens inverse, des files interminables de babouchkas à cabas, de petits vieux poussés sur des chaises roulantes ou de jeunes qui ont pris la queue avant l'aube. Et, lorsque j'interroge, on me dit ceci. L'Ukraine, qui voit les habitants de Louhansk et de Donetsk comme des otages des séparatistes et de Poutine, continue de reconnaître leurs droits et de payer leurs pensions. Les Républiques séparatistes étant considérées, en revanche, comme des administrations fantoches, ces milliers de pauvres gens doivent retirer leur argent aux distributeurs des banques de l'Ukraine loyaliste. Et le vert paradis poutinien étant, par ailleurs, assez conforme à l'image de Jurassic Park que j'en avais depuis la tour de guet de Krasnohorivka, les magasins y sont vides et c'est, de toute façon, en Ukraine libre que ces gens doivent dépenser leurs maigres retraits et s'approvisionner pour le mois en denrées de première nécessité... J'ai peine à comprendre, à vrai dire, comment ils ne décident pas, une bonne fois, de s'épargner ces allers et retours éprouvants et de s'installer du bon côté. Et l'idée me vient qu'il y a peut-être, dans l'acceptation de ce calvaire hebdomadaire, la version poutinisée de la vieille servitude volontaire soviétique. Mais qui, dans cette guerre, est l'otage de qui – voilà une question qu'on n'a plus le droit de poser quand on a vu ces colonnes de migrants de l'intérieur pour qui s'entrouvrent ainsi, à jour et heure fixes, les grilles de leur prison « séparatiste »...

A Zolote, au contact de Louhansk, c'est de nouveau les tranchées. Plus frustes qu'à Novotroitske, avec leurs assemblages de simples planches plantées dans la terre noire. Mais plus impressionnantes, à cause de ces grands chiens qui semblent en garder les entrées comme autant de Cerbère les portes de l'enfer de la guerre. Et à cause, surtout, de ces Rambo suréquipés, le visage couleur de terre, ou tatoué, ou cagoulé, qui y montent la garde tous les dix mètres et qui semblent, cette fois, des professionnels à l'affût. Seraient-ce les hommes des bataillons Azov et Aïdar, réputés pour leur vaillance en même temps que pour avoir servi de repaire, dès 2014, à des ultranationalistes, voire à des néonazis ? Même pas. Car j'ai vu le commandant du premier, Denis Prokopenko, mais à Marioupol, à l'entraînement. J'ai vu le commandant du second, Oleksiander Yakovenko, mais à Kiev, où ses 760 hommes étaient « en rotation ». Et l'idée m'a même effleuré, pour tout dire, que la nouvelle armée ukrainienne, patriotique et massivement républicaine, était en train de débrancher en douceur ses éléments extrémistes... Non. Ces hommes en tenue de camouflage, gonflés à bloc, plus jeunes que ceux que j'ai vus jusqu'ici et visiblement plus reposés, ces as du combat rapproché, certains sac à terre, d'autres sac au dos, dont on m'apprend que le président Zelensky est venu les inspecter, ces commandos hypnotisés, chacun derrière sa meurtrière de bois, par la ligne de terre brune, face à nous, qui indique la position adverse, c'est une des tranchées défensives de l'armée nationale – mais on sent bien qu'elle pourrait, sur l'heure, comme l'aire de tir de Myroliubivka, se muer en base d'attaque. Le fera-t-elle ? L'Ukraine fera-t-elle le choix de récupérer par la force son Alsace et sa Lorraine ? Les échangera-t-elle, un jour, contre une Crimée dont je la soupçonne d'avoir, comme les Européens, fait parfois le deuil en secret ? Je ne sais pas.

Avec le président Zelensky, nous sommes, à Kiev, dans le même bureau, hyper kitsch, où je suis venu si souvent du temps de Petro Porochenko. Il a choisi, autour de la table de faux marbre ronde, la place que prenait chaque fois son prédécesseur. Il a montré à Andrey Yermak, son conseiller, celle qu'occupait, chaque fois, le sherpa du moment. Et il nous a invités à nous asseoir, avec Gilles Hertzog, à nos places pour ainsi dire habituelles. De là un sentiment de temps retrouvé et décalé. De là, tandis qu'il examine, rêveur, les photos de son armée que nous avons tirées pour lui, la surimpression de la silhouette massive de Porochenko et de son corps de teenager devenu président. Était-il taillé pour le rôle ? Un Coluche peut-il se muer en commandant en chef d'une armée en guerre ? Et est-il davantage que cet acteur de sitcom dont l'élection parut, à presque tous, comme un sommet de la société du spectacle ? Je le vois reconnaître,

Dans les tranchées de la guerre en Ukraine

sur chacune de nos images, le front où elle a été prise et, parfois, l'officier. Je l'écoute s'inquiéter de l'affaiblissement d'une Union européenne minée par ses indulgences avec Poutine et se réjouir, en même temps, de la force du lien avec la France d'Emmanuel Macron. J'observe son art de la langue de bois pour évoquer la mauvaise pastorale américaine dont il a été, à cause d'un échange téléphonique avec Trump tentant de négocier une aide militaire américaine en échange d'informations sur les affaires du fils de Joe Biden, le déclencheur involontaire. Et je me dis qu'il ne s'en tire, tout compte fait, pas si mal... Trois fois, peut-être pour botter en touche, il répétera qu'il se sent juste « normal » et qu'il n'y a rien que de très « normal » à répondre à des questions sur l'état présent de l'esprit du petit Juif de Kryvyï Rih devenu vedette de télévision et, dorénavant, président de cette terre de pogroms et de sang que fut aussi l'Ukraine. Veut-il dire qu'il s'est normalisé en entrant dans le club de la chefferie d'Etat mondiale ? Ou, au contraire, qu'il est resté le même homme normal qu'il était, lors de notre première rencontre, peu avant sa stupéfiante élection ? Cela n'a pas beaucoup d'importance. Car domine, dans les deux cas, une solidité narquoise et tranquille à laquelle je ne m'attendais pas et qui fait que l'on

Ce que j'ai vu

se dit : l'Histoire universelle aurait pu choisir pire champion pour s'opposer à Poutine et défendre, face à son impérialisme « eurasiatique », les couleurs et valeurs de l'Europe ; et, quant à nous, Occidentaux insoucieux, cette guerre oubliée d'Ukraine, sa tragédie au goutte-à-goutte et, de ce côté-ci des 500 kilomètres du front, ses braves qui, deux heures avant minuit, continuent de monter la garde, devraient être notre remords.

4

Fin du monde à Mogadiscio

D'abord, le bleu de l'océan. Le blanc parfait des maisons de pêcheurs. Un air, vu du hublot, de langueur italienne. Mogadiscio ne veut-il pas dire, en somalien, le jardin où l'on fait halte pour un thé ? Mais, à l'atterrissage, changement de décor. Un aéroport comme une forteresse, cerné de sacs de béton Hesco armaturés de ferraille, sur lequel les djihadistes d'Al-Chebab ont encore, hier matin, tiré au mortier. Des custom officers méfiants qui ne vous parlent pas du coronavirus mais demandent si vous êtes armé. La ville presque entièrement détruite, avec ses immeubles soufflés, désossés de leurs fers à béton et de leurs poutres d'acier. Et, sur la plus haute terrasse de l'ancien hôpital Xooga où notre fixeur nous a conduits sans attendre, ceci : agenouillé au-dessus du vide, dans les gravats, un tireur de l'armée gouvernementale à l'affût d'un sniper rebelle qu'a signalé, ce matin, le comité de quartier. « Les gens d'Al-Chebab ont pourtant quitté la ville », dis-je à l'oreille du sergent qui se tient légèrement à l'écart. « Première nouvelle, répond-il, dans un éclat de rire étouffé. Mogadiscio est une passoire. » Il fait, avec les mains, le geste de secouer un égouttoir. « Ces terroristes entrent comme ils veulent. Même ici, au cimetière de l'hôpital, ils attendent que l'enterrement commence et... » Je vois, en contrebas, sous la coupole d'un arbre à encens, une assemblée de femmes flottant dans leurs abayas multicolores. Plus loin, devant une tombe, des hommes en palabre. Et puis, à l'entrée de ce qui pourrait être un terrain vague, un convoi de 4 × 4 qui signale l'éminence du défunt. Mais le sergent nous entraîne, brusquement, dans le seul coin de l'escalier que protège un bout de toit. Le gouvernemental tire. Et un pick-up, derrière l'enceinte du cimetière, démarre dans un nuage de poussière rousse. Lorsque nous redescendons, les femmes, sous l'arbre, n'ont pas bougé.

Le problème, quand on arrive à Mogadiscio, c'est où dormir. L'hôtel Afrik : il a été pulvérisé par un attentat à la voiture piégée. Le SYL : il en était, fin décembre, à sa troisième attaque. Le Sahafi International, qui figure dans les guides du temps d'avant les chebabs : il y a eu un carnage et deux Français pris en otage. Le Central : c'est la réceptionniste elle-même qui a actionné sa ceinture piégée. Et quant au Wehliye et au Siyad, dans la zone verte, près de la présidence, c'est à peine mieux : deux bombes humaines ont franchi le dispositif de herses et de chicanes et s'y sont fait péter. La vérité c'est que les hôtels sont systématiquement ciblés. Car c'est là que, dans ce Grozny africain, est bunkérisé tout ce qui s'apparente à un ministre, un gradé ou un fonctionnaire international. Et la meilleure solution, c'est encore ce camp, collé à l'aéroport, plus rustique, mais en retrait de la zone de tir. Sont installés là, dans des containers aménagés, à l'abri d'énormes barrières antichars de sable aggloméré, les officiers ougandais et burundais de la mission de l'Union africaine (AMISOM) venue en soutien d'un gouvernement de transition barricadé dans sa Green Zone. Quelques auxiliaires diplomatiques et gens de renseignement. Des forces spéciales italiennes. La poignée de Navy Seals restés après 1997, le départ officiel des Etats-Unis et la chute de leurs « faucons noirs ». Quelques chiens de guerre mal identifiés. Et puis les cent « mentors » de Bancroft, l'agence privée américaine, financée par le Département d'Etat, qui instruit les commandos d'élite de l'AMISOM et gère cette base droit sortie d'un

Ce que j'ai vu

roman de Graham Greene ou de Gérard de Villiers.

Départ, à l'aube, pour le front de cette drôle de guerre où ce corps hétéroclite va aller à la rencontre d'une armée d'autant plus redoutable qu'elle est insaisissable et n'a que la consistance des ombres. C'est un colonel ougandais du camp de Dhagabadan qui commande la colonne. Un peloton de reconnaissance somalien prend la tête. Suit un véhicule de protection burundais. Un blindé Casspir de 11 tonnes, made in South Africa, où nous nous entassons dans une chaleur étouffante. Et deux VAB qui ferment le convoi. Nous nous répétons les dernières consignes, dans le sas du compound : gare aux bombes artisanales, posées par les chebabs avant le passage des véhicules et commandées à distance par des déclencheurs d'alerte de motocyclette ; danger des faux checkpoints, improvisés pendant la nuit comme, avant-hier, à deux kilomètres de la ville, sur le passage du « deputy commander » du district de Kahda ; et puis le pire c'est le retour, on se croit tiré d'affaire, mais il n'y a qu'une route, les chebabs sont repassés derrière, ils l'ont piégée, et boum ! On nous donne un gilet pare-balles plombé jusqu'au menton. Un garrot en stretch qu'on nous apprend à nouer au-dessus de la blessure.

Fin du monde à Mogadiscio

Et puis une ultime information sur l'ingéniosité de ces experts en « Burkubi », la destruction sauvage, qui pratiquent la mine multipassage ne se déclenchant qu'à la deuxième ou troisième fois. A notre gauche, par la lunette arrière du Casspir, un paysage de lagune et de marais salants. Sur la droite, des dunes poisseuses et des broussailles dont le « medic » explique que nul ne peut déloger les premiers terroristes au monde à avoir synthétisé le double modèle Al-Qaïda (« l'islam n'a pas de territoire ») et Daech (ancrage dans un hinterland géré comme un « califat »). Soudain, dans la tourelle, l'artilleur aperçoit un drone qui survole le bush. Les chebabs, en principe, n'ont que des drones espions. Mais on ne sait jamais. Il tire. Le drone tombe, en tournoyant, dans le ciel calme et sans oiseaux.

Jazeera est censé être le dernier village, sur la côte, sous contrôle somalien. Au-delà commence le règne des chebabs avec les exécutions publiques, les lapidations de femmes adultères et les tribunaux islamiques qui veillent à la charia. Le but de notre mission est, essentiellement, de se montrer. Et, en se montrant, de conforter les villageois dans l'idée qu'ils sont du bon côté. Une demi-douzaine de gouvernementaux, armés jusqu'aux dents, partent à la pêche au renseignement, habitation par habitation, dans le sable, avec la peur de tomber sur une maison piégée – mais avec le souci, aussi, de donner d'eux-mêmes une image aimable et protectrice : « quelles nouvelles ? les chebabs sont-ils revenus ? vous sentez-vous en sécurité ? » Une autre unité se risque jusqu'à la plage où un pêcheur au visage brûlé par le sel et le soleil tient, serré dans ses bras, un thon aux énormes branchies : embarras quand je lui demande le prix de l'animal ; croyant que je veux l'acheter, il fait non de la tête et murmure, en regardant les soldats, qu'il ne « peut pas » ; les chebabs, en réalité, sont moins partis qu'on ne le dit et ils viendront, à la nuit tombée, taxer le vieil homme de la mer ! Et puis une troisième unité, composée d'hommes de Bancroft, escorte Fatimah, l'infirmière qui nous accompagne depuis Mogadiscio, jusqu'au dispensaire de pierre sèche où patientent une centaine de femmes aux robes bleues et rouges, comme le jour de l'enterrement : elles racontent les grossesses à répétition ; la violence des maris ; le petit malnutri qui tousse et ne grandit plus. Le mauvais signe c'est que les hommes ne se montrent pas. Sauf un, cinquante ans, barbe de salafiste, qui surgit au moment de la distribution de ballons aux enfants. « Vous n'avez rien à faire ici, rien, hurle-t-il sur un ton de colère surjouée. C'est à moi de distribuer les ballons. » Un Robocop français de Bancroft, le visage dissimulé par un foulard, nous entraîne vers les véhicules. Message reçu. Il est temps de lever le camp.

C'est l'heure du petit déjeuner et les officiers de notre compound, habitués à la « Mogadiscio Music », n'ont pas l'air plus surpris que ça par le bruit de la déflagration. D'après la radio militaire, c'est une voiture suicide, la troisième en un mois dans la zone du « Kilomètre 4 », ce carrefour géant qui est, près du marché de Bakaara, le cœur de la ville. Et c'est une Somalienne de la diaspora qui, d'après un cousin, était au volant, rentrée au pays après des études à Londres et dont on a lavé le cerveau à coups de films bollywoodiens lui décrivant le paradis où l'attendent ses chers disparus. Le temps d'arriver, une heure à peine, tout a été nettoyé. De la carcasse de la voiture déchiquetée, il ne reste pas un débris. Dans cette ville où il faut être haut placé pour qu'on vous envoie une ambulance, on s'est arrangé pour évacuer les corps des victimes (cinq ? six ? davantage ? personne ne sait…). Et à peine distingue-t-on, en se faufilant entre les voitures et les tuk-tuks qui ont repris leur ronde sans fin et leur absurde concert de klaxons, des traces noires, mal lavées, de sang séché sur le macadam. La vie a repris ses droits. La ville, cannibale, mangeuse de morts et de vivants, est rendue, comme si de rien n'était, à son halètement comateux. Il ne s'est rien passé à Mogadiscio. Et notre fixeur semble être bien seul à se rappeler que c'est souvent à cet instant, quand le trafic repart, quand l'embouteillage est maximal, que les chebabs lancent une seconde voiture piégée qui, tout le monde étant coincé, va faire, cette fois, cinquante morts.

Au fond, il n'y a guère que deux forces pour mettre un semblant d'ordre dans ce chaos dément. Les Turcs, d'abord. Il fut un temps où les Arabes aussi étaient là. Plus exactement les Emiratis. Mais, un jour où leur avion s'est posé avec dix millions de dollars en liquide destinés à la solde des soldats somaliens et où des douaniers trop zélés ont confisqué les valises, ils se sont vexés et sont partis. En sorte que, les Américains se bornant à des frappes aériennes, l'Union européenne ayant un programme d'aide massive mais dont on ne voit pas trace sur le terrain et les Chinois ne s'étant pas encore avisés de l'intérêt de ce pays damné, il ne reste qu'eux, les Turcs – trop contents d'être seuls, à la corne de l'Afrique, tout près de Djibouti, face à un Yémen ô combien stratégique. Alors, comme d'habitude, les Turcs jouent double jeu. D'un côté, une ambassade flambant neuve, et debout ; une base militaire d'où ils ne sortent pas, mais colossale ; le nom de Recep Tayyip Erdogan placardé, en caractères latins et arabes, dans les artères principales ; et quand, ce 28 décembre, sur l'axe qui va vers Afgooye, c'est leur tour d'être victimes d'un attentat au camion suicide, on hausse le ton et feint de soutenir « le gouvernement légitime du président Farmaajo ». De l'autre, complaisance avec le fondamentalisme chebab qui n'est pas loin de l'idéologie Frères musulmans ; refus de s'associer à l'opération Atalante lancée par les Européens pour lutter contre une piraterie qui finance souvent les attentats ; et garder les yeux grands fermés quand on apprend que c'est par une filière turque que les soldats somaliens revendent aux djihadistes les armes et munitions de l'aide internationale.

Et puis l'autre force, c'est Bancroft. Oui, ce Bancroft que je prenais, à notre arrivée, pour une gentille ONG chargée de loger l'Union africaine… Richard Rouget, son patron, fut, dans une vie antérieure, un lieutenant français des « Affreux » de Bob Denard. Et, dans une vie encore antérieure, il a été l'un de ces militants d'extrême droite avec qui les jeunes gens de mon espèce se castagnaient au Quartier latin. Mais c'est aujourd'hui un personnage hautement romanesque, plus proche de « l'homme qui voulut être roi » que du mercenaire standard, et capable de vous réciter, à l'heure du barbecue du soir, un chant de Lautréamont aussi bien qu'une page de Frédéric Dard. Et il a beau la jouer dandy qui ne porte jamais d'arme car « il y en aura toujours bien assez, en cas de coup dur, à ramasser », il a composé une étrange légion, issue de dix-huit nationalités, dont je découvre, opération après opération, qu'elle fait bien davantage que « mentoriser » les Africains. C'est Sigitas, le Lituanien, qu'on appelle pour désamorcer les engins explosifs sophistiqués. C'est Dariusz, le Polack, qui, dans son briefing quotidien, pointe sur sa carte satellite, avec un instinct de vieux renard de la guérilla urbaine, le checkpoint où va passer le prochain camion de charbon de bois où seront planqués les explosifs. C'est Ingemar, le « medic » suédois, qui arrive le premier sur les lieux de massacres. Et c'est lui, Rouget, qui, quand les Ougandais oublient qu'il y a, creusées sous le bitume du Lido, de traîtresses tranchées antitanks, ramène des fantassins, monte lui-même à l'assaut et se prend une rafale dans la cuisse. C'est fou mais c'est ainsi : cette ville Mad Max et hors la loi dont l'armée se déchire en factions rivales, dont les contingents frères de l'AMISOM ne songent qu'à rentrer au pays et dont le renseignement est noyauté par le Qatar quand ce n'est pas par les chebabs, il m'est arrivé de penser qu'elle a remis son destin entre les mains d'une centaine de mercenaires conradiens...

Après, il y a le maire. C'est un ancien « warlord ». Pas un chebab, un warlord. Un chef de guerre et de clan. C'est-à-dire, en langue politique somalienne, un ennemi juré des chebabs. Et j'ai une image de lui, juché sur une montagne de décombres, après une explosion – il y a fière et belle allure... Mais quelle est la légitimité d'un maire nommé par un président lui-même assiégé dans son propre palais ? Et comment gouverne-t-on quand votre prédécesseur est mort dans un attentat suicide, en plein conseil municipal ? Comme il est tard dans la nuit, il nous reçoit chez lui, dans sa villa, au bout d'une rue jonchée d'ordures, sans électricité, envahie par des prétoriens occupés à mâchonner leur ration de kat. Il semble harassé. Agacé par la corvée d'avoir à répondre à mes questions. Assis sur un trône surélevé, tout en dorures, ne quittant pas des yeux son portable, il ne se déride que pour débattre de l'épineuse question de savoir si son surnom (car tout le monde, en Somalie, a un surnom) est « Finish », comme finish, parce qu'il a toujours eu pour principe de ne pas faire de prisonniers et de finir ses adversaires blessés, ou « Filish », avec un l, comme la danse du même nom, dont il improvise un entrechat, pieds nus, sur les pointes, genoux à demi pliés dans ses pantalons gris métallisé, mais attention, bien en souplesse, mélange de Panthère rose et de moonwalk. Et quant à sa ville, il ne consent à en parler que plus tard, pendant le dîner, lorsque j'évoque l'idée d'une conférence internationale des villes urbicidées et martyres où serait invitée Mogadiscio : « j'organise », s'écrie-t-il sans cesser de mâcher sa viande ; et comme j'objecte qu'organiser un événement pareil et y faire venir des représentants de Kaboul, Beyrouth, Vukovar ou Sarajevo suppose des infrastructures énormes, il lance à ses adjoints terrifiés et qui prennent note : « infrastructures ! infrastructures ! c'est comme pour les Jeux olympiques, je veux et j'organise les infrastructures ! »

Une tentative de caillassage, avec horde hurlante et jetant de vraies pierres, il m'a fallu Mogadiscio pour sentir ce que c'est. On nous avait indiqué, dans la vieille ville, l'un de ces fameux tunnels, puant le rat crevé, qui servent encore aux chebabs à circuler de maison en maison. Nous sommes passés par la corniche qui, avec ses palais tombant à pic sur la mer et ses fausses fenêtres ouvertes au canon, m'a fait l'effet d'un Tanger dont les lieux de mémoire seraient, chaque 50 ou 100 mètres, un lieu de bataille et de massacre. Et, avec un

Fin du monde à Mogadiscio

fixeur mais sans escorte, nous sommes entrés dans l'un de ces dédales de pierres éboulées, de balcons suspendus dans le vide et de riads retournés à l'état sauvage où ne s'aventurent pas les étrangers. Au bout de quelques minutes, nous tombons sur un groupe de jeunes en jeans, assis à même le sol, contre un mur, écrasés par la chaleur du début d'après-midi. L'un d'eux, peut-être le chef de la bande, se redresse pour nous lancer, d'une voix rendue pâteuse par la défonce, qu'il ne veut pas être photographié. Un autre renchérit qu'on ne veut pas d'étrangers ici, pas de kafirs, pas de Yankees. Et comme nous tentons de parlementer et de faire maladroitement valoir que nous ne sommes pas yankees, que nous respectons la Somalie et que nous sommes les amis de cet islam soufi qui est l'honneur de leur pays, ils redoublent de fureur et entreprennent de nous lancer, qui une canette de Coca vide, qui un tesson de verre, qui une pluie de cailloux. Nous ne devrons notre salut qu'au chauffeur du VAB qui, ne nous voyant pas revenir, finit par se pointer. L'arme au poing, avec un sang-froid d'autant plus remarquable que les règles de l'AMISOM lui interdisent d'en faire usage, il calme les gamins.

Et les chebabs dans tout ça ? En voici un. Pour sa sécurité, je l'appellerai Ahmed. C'est un transitaire européen qui a organisé la rencontre sur le port, dans la remorque d'un camion abandonné, au bout d'une de ces rangées de containers multicolores, sur trois étages, longues de plusieurs centaines de mètres, qui forment de véritables rues et qu'il connaît comme sa poche : son travail, explique-t-il, n'était-il pas de les contrôler ? de les taxer ? et, un jour – il avait tellement l'habitude ! –, de ne même plus les faire ouvrir et de les imposer d'office ? C'est là que ses ennuis ont commencé. L'Amniyat, le mystérieux service de renseignement d'Al-Chebab qui, avec ses centaines de mouchards surpayés, est l'élite de cette armée de barbares, a trouvé qu'il en prenait trop à son aise. On n'a pas aimé qu'il demande à être muté et à devenir garde-côte, c'est-à-dire, en fait, chasseur de pirates. Le soupçonnant de trafiquer avec les Burundais, ils se sont mis à l'espionner, téléphoner à ses enfants, la nuit, pour les terroriser ou le réquisitionner sans raison comme ce matin, fin 2018, où on l'a fait venir dans un village, à 30 kilomètres et soixante-douze heures de route de la ville, pour prendre part à une séance de décapitations en série. Et puis, un jour, ce fut la mission de trop : qu'il organise un attentat, chez lui, dans son quartier, contre un commerçant qui ne raquait pas mais qui appartenait à son clan – et ça, il n'a pas pu. Y a-t-il une limite à la folie d'un homme ? Une zone dont il ne faut pas approcher sous peine de le voir rompre ? Et combien sont-ils, comme lui, à s'être dissociés de cette mafia et à vivre dans la terreur, allant de cache en cache, dans l'espoir d'être recyclés par un service étranger ? Peu, je le crains. Très peu. Et j'arrive au bout de cette enquête avec le sentiment que c'est l'ordre chebab qui, après vingt ans d'une guerre inutile, règne toujours sur la Somalie.

5

Les damnés du Bangladesh

Une fanfare de flûtes et de tambours. Une haie d'enfants frêles tapant, en rythme, dans leurs mains. D'anciens combattants à la barbe blanchie qui chantent en chœur l'hymne du Bengale libre. Et, tendues entre des bambous, des banderoles de calicot jaune : « Welcome Back in Jessore, Bernard-Henri Lévy ! » Eh oui, Jessore. C'était il y a presque cinquante ans. J'avais, ainsi qu'une poignée d'autres, répondu à l'appel d'André Malraux exhortant les jeunes gens de France à former, face à l'horreur des crimes de l'armée pakistanaise dans ce qui n'était encore que la partie orientale du pays, une brigade internationale comme pour la guerre d'Espagne. J'avais atterri à Calcutta. Franchi la frontière indienne à Satkhira, en compagnie d'un marchand de topazes qui avait fui son village mais revenait chercher ses trois filles. Et j'étais arrivé exactement ici, 70 kilomètres plus

Les damnés du Bangladesh

au nord, à Jessore, alors sous les bombes et la mitraille. C'était à peine une ville à l'époque. Il n'y avait ni cet aéroport. Ni cet enchevêtrement de maisons coloniales, d'immeubles neufs inachevés et de huttes de boue. Ni cette population d'enfants en guenilles, de marchands de zébus et de mendiants découragés, intrigués par le spectacle de cet étranger, ému aux larmes, à qui l'on fait ainsi fête. Mais c'est le même ciel pâle. Le même parfum aigre, mêlé aux relents de l'huile de coco cuite. Et, sitôt sorti du bazar, sur les deux bords de la route mal carrossée que se dispute une cohue de pousse-pousse, de charrettes pleines de fagots et de bus, bondés jusqu'au toit, dont on craint, à chaque virage, qu'ils ne se renversent, la même morne plaine où croupit l'eau des rizières. Bangladesh de mes 20 ans.

Akim Mukherjee était un jeune chef maoïste qui m'avait récupéré à Satkhira, derrière le front, après le marchand de topazes. J'ai communiqué son nom à Mofidul Hoque, du Liberation War Museum de Dacca. Lequel l'a transmis à la police qui, vu que les communistes clandestins de l'époque avaient une foultitude de noms de guerre, a eu du mal à retrouver sa trace. Et nous voilà dans cette maison de village, adossée à une pièce d'eau, où nous avions passé quelques nuits avant de partir sillonner les marécages de riz et de sang – en quête de brochures marxistes-léninistes ronéotées dont le Bangladesh était alors grand producteur et dont j'allais nourrir *Les Indes rouges*, mon premier livre. « Mon père est mort », annonce, d'un ton théâtral, l'homme d'une cinquantaine d'années qui m'attend à l'entrée et se présente comme le fils de mon ami. « Il parlait souvent de vous », poursuit-il, tandis que nous prenons place sur la véranda où il a fait servir des assiettes de bananes. « Un jeune Français avec une veste jaune… Il avait conservé ceci… » Il sort d'une chemise plastifiée, mêlée à des coupures de presse décolorées, une carte de visite à l'adresse de l'Ecole normale de la rue d'Ulm où j'ai ajouté, d'une écriture d'enfant, l'adresse de mes parents. « Mais venez voir votre chambre. C'est là qu'il est mort. Rien n'a bougé. » Je ne suis pas sûr de reconnaître le lit de sangle. Ni la table où sont rangés de vieux recueils de poésie bengalie. Mais ce qui n'a visiblement pas bougé, c'est ceci : posés contre le mur, à même le sol, près d'un petit autel chargé de fioles à encens, bougies, assiettes de victuailles, images pieuses multicolores, grelots sacrés, deux portraits délavés, noir et banc, de Marx et de Lénine révérés à l'égal de Shiva et Vishnou. Allant pour ouvrir le volet et faire entrer la lumière, je les déplace. Surgit, de derrière ces

Les damnés du Bangladesh

reliques, une énorme araignée noire qui file se coller sur une lanterne. Un signe. Mais de quoi ?

Ces vieilles dames, retrouvées au musée et qu'a rassemblées mon vieil ami Abdul Majeed Chowdhury, sont des Birangona. Littéralement, des héroïnes de la nation. Sauf qu'elles doivent cette qualité au fait qu'elles furent, pendant la guerre, comme 400 000 autres, abusées par la soldatesque pakistanaise ; et que, confronté, neuf mois plus tard, lors de la proclamation de l'indépendance, à la naissance des enfants de ces viols, le premier Premier ministre du pays, Mujibur Rahman, a pris cette décision historique : au lieu, comme dans la plupart des sociétés traditionnelles, de les maudire et de les bannir, il les a décrétées, lui, père de la nation, les égales de ses filles... Savent-elles que je fus alors, pendant plusieurs mois, une sorte de mercenaire intellectuel mettant au service du nouvel Etat les bribes d'économie apprises dans les livres de Charles Bettelheim, expert ès communes populaires chinoises et ami de Louis Althusser ? Et leur a-t-on dit que, ayant eu le privilège d'approcher le père de la Nation, je fus de ceux qui lui soufflèrent que leur souffrance, leur innocence, mais aussi leur résilience faisaient d'elles des héroïnes naturelles pour le récit national naissant ? Elles ont entendu cela, oui. Mais ce dont elles sont très précisément informées c'est de la révolution en marche qui criminalise, en Occident, les violences faites aux femmes. Elles n'ont plus d'âge. Elles marchent à petits pas. Quelques-unes, drapées dans leurs saris aux couleurs fraîches et arborant leurs plus précieux bijoux de nez, sont venues en chaise roulante. Mais quelle rage pour dire les sévices passés ! Quelle force de pasionarias quand elles racontent les années de lutte pour arracher le statut, non seulement de victimes, mais de « Mukti Bahini », de « Combattantes de la liberté », à part entière. Et quelle gaieté de jeunettes lorsqu'elles se proclament, depuis leurs chaises roulantes, l'avant-garde du féminisme mondial !

Sheikh Hasina est la fille de Mujibur Rahman. Et elle est, depuis onze ans, la Première ministre du pays. Elle est de ma génération. Elle connaît mon histoire. Et c'est à ce titre qu'elle m'a convié aux cérémonies marquant les cent ans de la naissance de son père et les cinquante ans de celle de son pays. Les festivités, coronavirus oblige, ont été ajournées. Mais je lui apporte une lettre du président Macron que, coronavirus oblige aussi, je dois déposer sur la table basse, entre nous, juste au-dessous du portrait de Mujib, dans le sobre salon où elle me reçoit avec l'ambassadeur de France. Elle fait mine de la prendre. Se reprend. M'adresse un sourire complice quand son chef du protocole se lève pour, dûment ganté, la décacheter à sa place. Elle a la réputation d'une dirigeante autoritaire, implacable avec ses opposants. Et il est vrai qu'avec son sari mordoré qui paraît une armure, ses lunettes d'écaille accusant l'éclat glacé des yeux verts, sa mâchoire forte, elle a un air d'Indira Gandhi au temps de sa splendeur. L'emporte pourtant, à cet instant, la juvénilité de l'expression. Sa gaieté malicieuse quand nous évoquons nos souvenirs communs de cette libération nationale réussie. Sa façon de jouer les étonnées quand je lui raconte le mal qu'a eu sa police pour identifier cet Akim Mukherjee avec qui je vécus, il y a si longtemps, mon baptême du feu. Et puis, tout de même, oui, un éclat de férocité quand j'évoque l'assassinat de son père, quatre ans plus tard, en 1975, par des militaires putschistes : presque toute la famille succomba ; seules elle et sa jeune sœur, parce qu'elles se trouvaient à l'étranger, ont échappé au massacre ; mais, pour ces Antigone de Dacca, le temps n'a pas passé et la volonté de vengeance est intacte.

A Golora, faubourg de Manikganj, commence l'autre Bangladesh. Le rural. Le villageois. Celui où nous étions venus, avec Rafiq Hussain, le fils aîné de la toute première famille à m'avoir hébergé, après la libération, à Dacca, interviewer

Ce que j'ai vu

Maulana Bhashani, le vieux leader maoïste paysan qui disputait à Mujibur Rahman la direction de la Ligue Awami. Un demi-siècle plus tard, je viens m'y recueillir devant un modeste monument, réduit à un tertre de pierre sèche et ceint d'un simple mur de brique, où reposent les restes d'un nombre indéterminé de civils exécutés dans les dernières heures de la guerre. Combien, dans le pays, de mausolées comme celui-ci ? Dans combien de villages, au bout de chemins de terre où ne passent que les motocyclettes, au milieu d'un champ de fleurs ou à l'ombre d'un bouquet de banians, cette volonté de marquer les ossuaires ? Nul n'en sait rien. Car nul ne sait combien de morts, au juste, a fait ce génocide. Que ce soit un génocide, c'est établi. L'intention, selon les chercheurs, était là. Et étaient là, aussi, tous les différents critères qui caractérisent la chose. Mais s'il a fait, ce génocide, un million de victimes, deux, trois, peut-être quatre, aucun n'est capable de l'affirmer. « Vous êtes le seul peuple au monde, dis-je au groupe d'adolescents qui m'ont suivi depuis Golora et les ruines de son palais fantôme dont les escaliers de façade, plongeant dans un étang saumâtre, attirent les touristes de Dacca, à qui il ne soit pas permis de compter ses martyrs. Vous êtes les seuls à honorer des morts, non seulement sans tombe, mais sans nombre et même sans nom.

Les damnés du Bangladesh

Il faut que, dans tous les villages du Bengale, tant que les témoins sont de ce monde, se fasse le travail du souvenir. Il faut que, partout, les survivants, et les descendants des survivants, assurent la transmission des récits familiaux. Un grand peuple ne peut vivre sur pareil trou de mémoire. »

Je l'appelle Benazir. Nous sommes entrés en contact via Facebook. Elle dirige un collège de filles à Rajshahi, dans l'ouest du pays. Et vit sous protection policière depuis qu'elle a proscrit, dans ses classes, le port du voile. « On a besoin de voir la tête de nos élèves », commence-t-elle, dans le minuscule restaurant du vieux Dacca, presque une échoppe, où a été fixé le rendez-vous et qui sert du paturi, ce poisson en fines tranches, baignant dans la moutarde et enveloppé dans des feuilles de bananier, qui faisait naguère mes délices. Et, à voix plus basse, après un coup d'œil aux tables voisines, trop proches, puis vers la rue si thrombosée, à cette heure, par le chaos des scooters, tuk-tuks et camionnettes roulant en sens interdit qu'on est sûr, en cas d'attaque terroriste, qu'aucun secours ne passera : « et puis nous ne sommes pas une école coranique ; nous avons aussi des hindoues, des bouddhistes, quelques chrétiennes, des chiites ; vous me direz que les chiites aussi sont musulmanes ; c'est vrai ; mais elles sont dans le collimateur du

Jamaat, ce parti islamiste que le gouvernement a interdit parce qu'il servait de courroie de transmission à Daech… » On oublie toujours cet aspect des choses quand on parle du Bangladesh. Moi-même, à l'époque, je ne suis pas sûr d'avoir été conscient de ce partage fondateur dans la guerre contre le Pakistan. D'un côté le « pays des purs » dont le fondamentalisme islamiste était l'ADN. De l'autre une société à majorité musulmane, mais multiconfessionnelle et respectueuse de ses minorités. Ne serait-il pas temps de s'en souvenir maintenant que fait rage la guerre mondiale des deux islams ? Et mon cher Bangladesh n'aurait-il pas un vrai rôle à jouer dans le corps-à-corps, partout, entre l'islam des Lumières et celui des fous de Dieu ?

Un camp est un camp, naturellement. Et l'on ne me fera jamais dire qu'il y a des réfugiés heureux. Mais le hasard fait que j'arrive à Kutupalong, près de Cox's Bazar, le camp de réfugiés géant où sont regroupés, depuis presque trois ans, près d'un million de Rohingyas fuyant la persécution antimusulmane en Birmanie, quelques jours après une visite à Moria, sur l'île grecque de Lesbos, où arrivent les Syriens qu'Erdogan renvoie vers l'Europe. Et la comparaison n'est, hélas, pas à l'avantage des Européens. C'est ici, dans ces trente-quatre camps, que les ONG opèrent le plus efficacement.

Les damnés du Bangladesh

Ici que l'on trouve, en bonne quantité, du savon, des serviettes, des verres à dents, des points d'eau. Ici qu'après les premières semaines de chaos, où les rescapés des massacres déboisaient les collines pour se chauffer, ont été construits de grands escaliers de bambou reliant les quartiers de ce qui est presque devenu une ville. Et ici qu'une vie s'est instaurée avec ruelles pavées, cahutes plutôt saines et, parfois, de minuscules potagers. Il y a bien, comme à Lesbos, des frictions avec les villages voisins qui se plaignent d'être moins bien lotis que les nouveaux arrivés. Mais les autorités n'ont pas cédé. Et le projet de déplacer une partie de ces exilés vers une île en pleine mer a suscité, dans la société, une telle levée de boucliers que l'on y a renoncé. Leçon de courage de ces Rohingyas qui ont tout perdu, fors leur dignité. Mais leçon d'humanité des Bengalais qui n'ont rien mais trouvent la force de le partager, ce rien, avec les 900 000 hôtes de ce purgatoire de vivants.

Car j'avais oublié la misère du Bangladesh. J'avais oublié les ateliers de la sueur où l'Occident sous-traite à des petits-enfants de Mukti Bahini, âgés d'à peine 12 ans, les travaux dont il ne veut plus. J'avais oublié les hordes de sans-travail qui disputent aux chiens errants, dans les décharges de Bashantek, en plein Dacca, des reliefs de nourriture. Et j'avais oublié qu'une scène comme celle-ci fût possible : en plein Dacca toujours, les décombres du bidonville de Rupnagar, monté sur pilotis, qui a entièrement brûlé hier ; le cloaque d'eau noire, pestilentielle, sur lequel cette favela lacustre était bâtie et qui apparaît, maintenant, à ciel ouvert ; et là, dans une brume de fin de jour alors qu'il est à peine midi, au milieu des déchets, des égouts crevés, des cadavres de rats et des tisons de bambou en train de pourrir, un homme aux yeux d'ascète, vêtu d'un simple pagne et coiffé d'une charlotte, qui semble faire ses ablutions – mais non, il plonge dans l'eau lourde et la vase pour récupérer des bouts de tôle qu'il ira vendre, quelques takas, au marché aux puces de Kawran Bazar... D'ailleurs, ce n'est pas exact. Je n'ai rien oublié du tout. Car cela, à l'époque, n'existait pas. La Buriganga qui est devenue, par endroits, un monstrueux fleuve Alphée dont le cours serait interrompu par des monceaux de plastique était une vraie rivière. Le quartier de Hazaribagh où 200 000 personnes boivent, pêchent et pataugent sur les berges d'un marécage de détritus et de produits toxiques était un faubourg semi-rural où une corporation de tanneurs perpétuait un métier millénaire. Et les ancêtres de mon conducteur de cyclopousse étaient des Mukti Bahini et n'avaient pas honte de leur métier.

Les damnés du Bangladesh

Ce dont on ne parlait pas non plus jadis mais qui, aujourd'hui, saute aux yeux, c'est que, s'il y a bien un endroit au monde où menace la catastrophe climatique, c'est ici. Le Bangladesh est un pays delta. C'est une terre aux sept cents rivières dont certaines sont nées, comme le Gange et le Brahmapoutre, dans tout le sous-continent et se sont donné rendez-vous ici, comme pour mieux se jeter dans le golfe du Bengale. Et c'est le point de chute des trombes d'eau issues de la fonte des glaces de l'Himalaya et qui, par temps de cyclone et de mousson devenue folle, font monter le niveau des fleuves et provoquent des glissements de terrain colossaux. Cet archipel dont je me souviens, en face de Cox's Bazar : il a disparu… Ces îles carrées, plus au nord, à la végétation chétive, dont je n'ai, en revanche, pas d'image : c'est la rizière qui a été inondée et les monticules de terre chauve sont tout ce qui en reste… Ce pêcheur qui n'a que 30 ans mais qui en paraît le double : il a dû déplacer trois fois sa maison car la mer avait, chaque fois, mangé sa terre… Ce cultivateur qui n'a jamais entendu parler de changement climatique : mais il sait qu'une nouvelle loi, au Bangladesh, fait des rivières des êtres vivants qu'il convient de respecter mais aussi d'apprivoiser et de punir… Et puis ces bateaux lune, sur la route de Chittagong, dont on va décharger les filets, fûts de saumure et mâts de rechange : pourquoi cette forme étrange, incurvée vers l'intérieur, aux deux extrémités, comme un panier ? pour ramasser l'étrave et l'aider à passer les bancs de sable qui sont le reste des anciennes terres ? pour braver la montée des eaux ? ou pour amadouer le monstre dans ce pays où, contrairement au dire du poète, ce n'est pas le désert qui croît, mais la mer ? Je ne sais pas.

Et puis ce valeureux Bangladesh, qui est en première ligne de la bataille planétaire contre l'islamisme, la pauvreté, le chaos migratoire et les cataclysmes écologiques, a, comme si cela ne suffisait pas, une dernière guerre à livrer – sanitaire. Il est, depuis toujours, une terre de fièvres, diarrhées, maladies respiratoires et cutanées, causées par la destruction de l'air et des sols. Y sévissent, de manière endémique, la filariose lymphatique, la leishmaniose viscérale, la rage, la douve, la dengue, l'encéphalite japonaise, ainsi que Nipah et Hendra, ces virus dont les excréments de chauve-souris sont la souche et qui, transmis à l'homme, sont mortels dans trois cas sur quatre. Et j'y appris naguère, à mes dépens, que son eau non bouillie y est source d'une variété de paludisme qui me laissa, des semaines durant, sur le flanc. Mais voilà que se déclare, en Chine, puis en Europe, l'épidémie de coronavirus. Et

Les damnés du Bangladesh

cette petite nation de 160 millions d'habitants qui ne compte encore, à l'heure où j'écris, qu'un nombre infime de décès dus au nouveau virus, reprend la rhétorique de l'Occident et fait de la mobilisation contre « l'ennemi » une priorité absolue. Annulation des festivités du centenaire. Apparition de masques de fortune, de toutes couleurs et toutes formes, certains comme des becs d'oiseau ou des mufles d'animaux. Et mise en quarantaine du pays qui ferme ses frontières terrestres et aériennes, se coupe du monde et prend ainsi le risque de plonger, de plus belle, dans la nuit. Alors, juste principe de précaution face à un mal qui, s'il déferlait ici, dans ces villes surpeuplées, ferait un carnage ? Ou fierté d'un peuple se protégeant d'une peste pour une fois venue d'ailleurs et ayant l'illusion, ce faisant, d'entrer dans le cercle de l'Etat sanitaire mondial en construction ? Les deux, sans doute. Mais le paradoxe est trop triste. Et je ne suis sûr, à cette minute, que de ceci. Je fus parmi les premiers à prendre le chemin, jadis, de ce pays magnifique et maudit. Je prends le dernier vol, cinquante ans plus tard, pour une Europe prête à se barricader et à dire adieu au monde. Ne reste, pour les amis du Bengale, qu'à prier et espérer.

6

Retour à Lesbos

« Ils ne m'ont pas donné de drap... J'ai accouché comme ça, sans rien, dans ma tente, sur le plastique, j'ai saigné... » Qui est « ils » ? L'administration grecque barricadée dans son périmètre grillagé et barbelé ? Les ONG qui, dans la zone sauvage du camp, celle qui déborde et monte sur les collines d'oliviers, se coltinent toute la misère du monde, affrontent les néofascistes qui rêvent de les bouter hors de l'île et ne savent où donner de la tête ? Ou les voisins de tente afghans qui, parce qu'elle est soudanaise, n'ont pas répondu à ses appels à l'aide ? Le fait est que Fatimah est seule, aujourd'hui, dans son abri de bâches plastiques blanches. Son bébé de 6 mois, accroché dans son dos, est enveloppé dans un pauvre tee-shirt, marqué « Welcome in Lesbos », qu'elle a retaillé en Babygros. Ses aînés, 8 et 2 ans, blottis contre elle, semblent encore plus terrorisés qu'elle par la présence d'un photographe et d'un interprète. Et c'est dans un mauvais arabe, entrecoupé de longs silences, qu'elle livre, par bribes, le détail de son effroyable exode. Le camp de transit à Gaziantiep... Le mari renvoyé en Turquie, trois jours après leur arrivée, sur le Zodiac qu'il a fallu payer une deuxième fois... Elle, admise in extremis parce qu'enceinte... Le bébé que l'état civil grec n'a pas enregistré et qui n'a donc pas d'existence... Il fait froid, en cette fin de mai 2020. La pluie, qui tombe en rafales, suinte à travers les toiles mal jointes de la tente. Une odeur d'humidité, de corps mal lavés, d'eaux usées se mêle à celle du frichti de légumes qui finit de cuire près de l'entrée. L'aîné se lève, pour aller remuer la casserole. Un rat lui passe entre les jambes et détale, sans qu'il semble s'en aviser. Nous sommes à Lesbos, camp de Moria, l'une des îles grecques les plus belles, les plus chargées d'histoire et de légende – et, aujourd'hui, capitale européenne de la douleur.

J'avais été saisi, lors de mon précédent séjour, par la lecture d'un rapport de MSF établissant que l'une des particularités de Moria était les suicides d'enfants. En voici un. Il a 12 ans. Nous sommes aux confins du camp, dans cette zone sauvage qu'on nomme, ici aussi, la jungle et où ont échoué quelques-uns des Syriens dont

Erdogan, en mars dernier, menaçait d'inonder l'Europe. Pendant toute la durée de l'interview, sauf de brefs regards vers l'oncle qui l'a sauvé et qui, ancien instituteur à Idlib, narre son histoire à sa place, il gardera les yeux au sol. Tout a commencé, raconte l'oncle, par une stupeur devant cette vie nouvelle et sans futur. Que faisons-nous là ? demandait l'enfant. Pourquoi ne peut-on pas aller voir la mer, pourtant si proche ? Pourquoi, alors que, même là-bas, sous les bombes, tu m'amenais à l'école, on reste des jours entiers, ici, à fixer la côte turque et à ne rien faire ? Est-ce qu'on va rester prisonniers pour toujours ? Et puis, peu à peu, l'enfant a cessé de parler. Cessé de jouer. Il a passé ses journées prostré, dans le fauteuil défoncé qui trône au milieu de la cabane et où je me suis assis sans savoir. Il a envoyé promener ses copains de foot. Perdu l'appétit et le sommeil. Et, un matin, alors que l'oncle était parti faire la queue pour récupérer la ration de pain de la journée, un voisin a vu du sang couler dans la rigole d'évacuation. Il s'est précipité. L'enfant avait échangé des lames de rasoir contre une boîte de biscuits humanitaires accumulés au fil de la semaine. Il s'était tailladé le poignet. J'ai vu beaucoup de camps dans ma vie. Mais rarement, comme ici, cette tristesse infinie.

Retour à Lesbos

A Moria, la tragédie c'est l'eau. L'île, encore une fois, est magnifique. Verdoyante. Bénie des dieux et des pluies. Mais, sur ces hectares maudits, il n'y a pas d'eau courante. Mais pas non plus de puits. Pas de citernes visibles. A peine quelques douches. Des points d'eau, moins d'une vingtaine, où l'on vient, tout au long de la journée, faire la queue pour remplir sa bouteille de plastique. Une par jour et par personne, me dit un représentant de la communauté afghane. Une seule. Oui, aussi incroyable que cela paraisse, il y a là plus de 19 000 réfugiés qui n'ont qu'un litre d'eau pour boire, laver leur linge, se désinfecter, cuisiner. Et, certains jours, l'eau étant coupée, il semblerait qu'ils n'aient même pas cela et qu'il faille économiser, jusqu'au lendemain, les précieuses gouttes restantes. Je fais répéter. Je fais confirmer par le chef de famille hazara qui, avec sa femme et leurs deux enfants, occupe la tente voisine et me montre, telle une pièce à conviction, quatre bouteilles bien rangées et, en ce milieu de matinée, déjà à moitié vides. Je vais, afin de voir par moi-même, au point d'eau le plus proche, dans une clairière aménagée sur les ruines de cahutes qu'on a rasées. Une cinquantaine de femmes sont là, à la queue leu leu. Et, en effet, je ne vois pas de bidon. Chacune a sa bouteille de plastique. Parfois deux, ou trois, quand on est une famille et qu'on peut le prouver. « Ça a l'air de vous surprendre ? me lance une jeune Algérienne, en attente de papiers depuis treize mois, dans un français parfait. Moi aussi, je suis philosophe. J'admire Camus et Kamel Daoud. Eh bien j'ai un message et je vous le confie : regardez bien autour de vous, déjà qu'on n'a pas d'eau, en plus on n'a pas de savon. »

Mais le pire, ce sont les latrines. Car comment fait-on quand un ancien camp prévu pour 800 militaires, puis pour 3 000 réfugiés, finit par en recevoir presque 20 000 ? Il y a le trou familial, pestilentiel, derrière la tente, à même le sol, quand le lieu s'y prête et qu'on est suffisamment à l'écart. Il y a les tentes d'aisance où l'on pénètre un par un et où l'on s'accroupit sur une planche percée au-dessus d'une tranchée défécatoire sans système d'évacuation. Et puis il y a les latrines publiques, j'allais dire officielles, mises en place soit par l'administration, soit par les ONG, et qui focalisent, plus encore, la colère de ces humains privés, ici, de leur intimité la plus élémentaire. Ainsi, à mi-pente de la sorte de rue qui longe les barbelés séparant le camp d'origine de son extension sauvage, cette batterie d'énormes Sanisette de chantier aux portes déglinguées qui ne ferment pas. J'entre. Cuvettes tartinées d'excréments. Cloaques visiblement bouchés et infestés de mouches. L'odeur fétide dont les relents me poursuivront jusque dans le terrain vague, un peu plus loin, où j'irai, histoire de penser à autre chose, taper le ballon avec un groupe de gamins. Et « the line », toujours « the line », comme s'il n'y avait rien de mieux à faire, à Moria, que de s'aligner, et s'aligner encore, et s'aligner toujours. Il y a ceux qui s'impatientent, bousculent et demandent que l'on se dépêche. Il y a ceux qui sont là par précaution, sans besoin pressant et parce que, dans ce temps qui ne passe pas, le seul passe-temps est de faire la queue pour tout et rien, toute la sainte journée, c'est à en devenir fou. Humiliation. Supplice. A l'heure où le reste de l'Europe fait assaut d'hygiénisme, Moria est ce lieu d'infection, de corruption, de fétidité. *Anus mundi.*

Le seul miracle, dans ce climat, c'est qu'il n'y ait pas plus de violences et de meurtres. On parle, à la nuit tombée, quand la police s'est retranchée dans ses quartiers, de rixes entre Soudanais et Syriens, Afghans et Iraniens, Afghans et Afghans – et tous contre la poignée de Congolais, parfois musulmans, souvent chrétiens, mais universellement tenus pour les damnés entre les damnés. On parle, sans que j'aie pu le vérifier, d'un adolescent que l'on a poignardé, la semaine avant notre arrivée, pour lui voler son portable. On raconte l'histoire d'un Pachtoun qui aurait harcelé une

Panchirie, de surcroît en plein ramadan. On me décrit une chasse à l'homme. Le coup de couteau dans le pied. La gangrène. Le coma. Et, quelques jours plus tard, faute de soins et parce que, le camp ayant été mis en quarantaine et bouclé pour cause de Covid, on a tardé à l'emmener à l'hôpital de Mytilène, la mort. Il y a encore ces deux jeunes filles qui, quoique installées en Zone C, c'est-à-dire dans la partie du camp réservée aux orphelins et aux adolescentes et censée être sécurisée, me font comprendre qu'elles ne boivent plus une goutte d'eau après 17 heures de peur d'avoir à sortir dans la nuit pour aller aux toilettes. Mais l'extraordinaire, oui, c'est que cette jungle n'en soit pas tout à fait une. C'est que ce ne soit pas, non plus, la guerre de tous contre tous. Et c'est que, malgré le dénuement, malgré la peur, malgré le sentiment d'être abandonnés des dieux, des Grecs et du monde, malgré les graffitis si tristes où l'on peut lire « nous ne sommes pas des animaux » ou « Europe, pourquoi nous as-tu abandonnés ? », il reste, entre ces frères humains que rien ni personne n'est parvenu à déshumaniser, les gestes de solidarité qui font que la vie continue.

Nous sommes dans la partie centrale du camp, construite en dur, où les officiers d'immigration ont leurs guichets et où siègent les maîtres d'une comédie pénitentiaire où l'on distingue, avec une savante cruauté, les gradés du malheur : en bas de l'échelle, le redouté tampon rouge qui vaut attente indéfinie à Moria ; en haut, les rares et magiques cachets bleus qui donnent droit à migrer vers le continent ; et, dans l'entre-deux, le cachet noir des mineurs ou des malades incurables qu'on appelle les « Vulnérables » et qui auront peut-être, un jour, à force d'avocats cher payés et initiés aux arcanes de l'administration locale, le droit de sortir des limbes et de passer du rouge au bleu. Le directeur du camp va pour nous montrer, derrière les entrepôts, ce qu'il nomme le quartier des femmes. C'est une galerie semi-couverte, protégée par une grille, sur laquelle donnent des petits dortoirs. Et voilà que surgissent des foules de femmes en colère, poing levé, vociférantes, la plupart africaines, en Stretch et body. « C'est pour vous, bredouille le directeur, livide. Elles ne veulent pas être prises en photo. » En réalité, c'est le contraire et le directeur ment ! Elles nous font signe d'approcher. Et, telles des harpies sublimes, déesses des ouragans sorties d'Homère et d'Hésiode, se mettent à hurler : « Moria no good ! Moria no good ! » Panique des autorités. Intervention d'employés du camp tentant de faire refluer les filles qui hurlent de plus belle. Et arrivée, au pas de charge, d'une unité de police antiémeute que je parviens à convaincre de faire demi-tour avec moi. Qui sont ces femmes ? Pourquoi ce quartier réservé ? Sont-elles, comme on tentera de me l'expliquer, des « célibataires » qu'il faut « protéger » ? Je ne sais pas. Mais c'est à regret que je m'éloigne. Et, de longues minutes encore, dans le lointain, j'entendrai la belle et terrible clameur des révoltées de Moria.

J'ai apporté des masques de Paris. Des cahiers, bien sûr. Des boîtes de paracétamol. Mais aussi, sans doute par conformisme, docilité à l'esprit du temps et conviction, moi aussi, que le Covid doit prendre ici des allures d'apocalypse, des cartons de beaux masques bleus, tout neufs et tout pimpants. La chose s'est un peu sue dans l'île. Des groupes d'enfants reluquent, depuis la veille, la valise rouge que j'ai consignée chez des humanitaires. Et lorsque je vais la chercher pour monter jusqu'à la clairière où deux Casques blancs syriens, reconvertis en juges de paix, m'ont recommandé de faire la distribution, c'est à nouveau l'émeute. Les cahiers, d'abord, qu'ils reçoivent dans un calme relatif. Puis les médicaments, pareil. Mais quand vient le moment d'ouvrir la valise aux trésors où sont les mille masques, la foule devient cohue. La bousculade, folie. Et l'excitation est au bord de tourner à l'empoignade. « Pas tous à la fois, hurle le Casque blanc. Un par un. Et un masque par enfant, un seul, il n'y en aura pas pour tout le monde ! » Mais il ne fait, bien entendu, qu'accroître encore l'excitation. Et c'est à qui poussera le plus fort, jouera le mieux des coudes – c'est à qui sautera le plus haut quand, moi-même bousculé, poussé, à un moment presque renversé, je lève le paquet au-dessus de ma tête en criant qu'il faut se calmer. Ce n'est pas une distribution, c'est une fête. C'est mieux qu'une fête, c'est un happening à la fois très joyeux et qui brise le cœur. Et c'est quand j'ai donné le dernier masque au dernier enfant que le Casque blanc mange le morceau. Il y a tous les fléaux du monde à Moria. Des diarrhées. Des diphtéries. Des maladies rares et inconnues. Mais voilà. C'est comme ça. Comme au Bangladesh, peu ou pas de cas de Covid répertoriés. Faut-il en pleurer ou en rire ? Je choisis d'observer les enfants qui s'en affublent, aussitôt, comme de masques de carnaval.

Je voulais voir aussi les fachos. J'avais vu, comme tous les lecteurs de *Paris Match*, les images de ces militants anti-migrants repoussant, à coups de gaffe, les canots venus de Turquie et voulais absolument savoir ce qu'on a dans la tête quand on fait ça. Eh bien, je n'ai pas eu à chercher bien loin. Et c'est Constantinos Moutzouris, le gouverneur de Lesbos, qui, dans la salle même, tout en bronzes et en boiseries, où se réunit, je

Ce que j'ai vu

suppose, le conseil républicain de l'île, a organisé la rencontre. Il faut imaginer des amis de Soral ou Dieudonné à l'hôtel de ville de Paris. Ou un meeting d'identitaires dans la salle du Conseil d'une région de France. Et il y a là, sagement assis, côte à côte, chacun devant son micro, une vingtaine de notables, certains marins-pêcheurs, d'autres commerçants ou professeurs, qui n'ont en tête que les migrants. Tout y passe. L'islamisation forcée de l'île. Les églises désacralisées et souillées. Les infiltrés de Daech. Le complot de George Soros. Leurs filles et compagnes qui ne peuvent plus sortir le soir parce que, bouclés ou pas, des hordes d'étrangers rôdent pour les violer. Et puis le clou : Kostas Alvanopoulos, retraité de l'hôtellerie, qui raconte, tel un acte d'héroïsme, comment il a vu, dans la baie, un bateau en train de repêcher des naufragés et comment, quand il a compris qu'il ne battait pas pavillon grec, que le capitaine était allemand et que les gardes-côtes ne faisaient rien pour empêcher les « envahisseurs » de débarquer, il a « vu rouge » et pris les choses en main en repoussant l'embarcation. Est-il fier de ce qu'il a fait ? Bien sûr. Au risque de noyer des enfants ? Naturellement. N'est-il pas au nombre des quelques dizaines de soi-disant défenseurs de l'île poursuivis par la justice pour mise en danger de la vie d'autrui ? Si ; mais la pureté de la race hellène vaut bien non pas une messe, mais un procès. Malaise. Nausée. C'est la première fois, de ma vie, que j'affronte une situation pareille.

On fait quoi, face à cette sorte d'infamie ? Rien, hélas. On espère juste que la justice passe. On retourne une dernière fois, le lendemain matin, à l'aube, dans ce lieu d'humanité qu'est, en comparaison, le mouroir de Moria. Et on essaie de fixer en soi, pour ne pas complètement désespérer, quelques images belles. Le visage de Georgia Rasvitsou, notaire à Mytilène, qui m'a accompagné dans ce reportage : avec sa silhouette de sylphide sortie du roman de Longus, le barde antique de Lesbos, elle est l'une des dernières à témoigner pour cette terre hospitalière et fraternelle qui, il y a cinq ans, c'est-à-dire un siècle, accueillait les premiers radeaux échoués sur les plages de Skala Sykaminia tels des milliers de princesses et de princes Europe sur le dos de leurs taureaux ailés. La grâce du père jésuite Maurice Joyeux, jamais remis de l'incendie criminel qui réduisit en cendres, en mars dernier, une école pour migrants, à trois kilomètres au sud de Moria : il a construit une nouvelle école, de ses mains, au cœur d'un des endroits les plus insalubres du camp, dressée, en pleine pente, sur une assise de palettes et de détritus compactés – elle est sur le point d'ouvrir, et ses classes, réparties sur trois niveaux, seront autant de cercles vertueux d'un enfer transcendé. Et puis, hier soir, alors que la nuit tombait et que le camp allait se refermer sur ses plaies et ses dangers, cette apparition si poétique : Koko Wumba et son trio de migrants à la voix d'or, émules de Fela, Alpha Blondy et Bob Marley, que nous trouvons au milieu des vendeurs à la sauvette négociant, à même l'asphalte, quelques galettes de pain, des sodas et des cigarettes à l'unité. Sont-ils là pour les enfants assis en cercle autour d'eux ? Répètent-ils un concert pour le public du camp ? Ou donnent-ils l'aubade à des visiteurs français de bonne volonté à qui ils chantent, sourire aux lèvres et larmes aux yeux : « ne pleurez pas ! ne pleurez pas ! »

Et puis, bien sûr, quand on revient de ça, quand on a regardé en face ce concentré d'horreur et de détresse et quand, au retour, continuent de vous hanter ces images d'enfants croûteux, de femmes aux pieds nus et d'innocence bafouée, on n'échappe pas à la question, la seule, celle qui balaie toutes les querelles idéologiques et politiques : on fait quoi ? Aider, bien sûr. Témoigner. Relayer, tant que faire se pourra, la parole des maudits. Mais le désastre de Moria est tel qu'il n'y a qu'une vraie réponse. Fermer. Raser. Ou conserver, si l'on y tient, mais comme on conserve un mémorial de l'inhumanité et de la honte. Et en aucun cas, bien sûr, on ne répare l'enfer. Ce qui veut dire que les femmes, les hommes et les enfants qui croupissent dans ce bagne à ciel ouvert et dont le seul crime est d'avoir rêvé d'Europe doivent impérativement, et inconditionnellement, être accueillis parmi nous. En Grèce, bien sûr. Mais aussi dans le reste d'un vieux continent qui doit choisir, ici, entre perdre son honneur ou s'enrichir de ces âmes qui patientent sur notre seuil. Appel à Kyriakos Mitsotakis. Appel à Angela Merkel, Emmanuel Macron, les autres. Humble supplique à ces femmes et hommes d'Etat qui, face à l'abomination de cette décharge à humains que nous avons laissée prospérer, n'ont plus le droit de se perdre en discussions interminables sur l'appel d'air par-ci, l'immigration choisie par-là, la politique migratoire en général – et n'ont, face à l'urgence et au symbole vivant que sont ces pèlerins d'Europe traités comme des pestiférés là même où elle s'est inventée, qu'un devoir : effacer la tache sur le drapeau étoilé et faire, ici, exception. Calculez, mesdames et messieurs de nos gouvernements. Faites vos comptes. 500 millions d'Européens que divisent 27 nations et auxquels viendraient s'ajouter 20 000 âmes en souffrance. Goutte d'eau dans l'océan de notre prospérité. En grec, on dit « epsilon ».

7

Une embuscade en Libye

L'aventure n'est pas banale.

Vous roulez sur une mauvaise route de l'Ouest libyen, entre Misrata et Tripoli, où les combats faisaient rage, il y a quelques semaines encore, lors de l'offensive lancée, depuis l'Est, par le maréchal Haftar.

Vous venez de découvrir, à Tarhouna, un immense « killing field » où a été exhumé, le 10 juin dernier, un charnier de 47 hommes, femmes et enfants, certains les mains liées derrière le dos, dont l'assassinat est attribué à des groupes de miliciens favorables aux forces de l'Est.

Vous repassez par un carrefour que rien ne distinguait, une heure plus tôt, de tous les carrefours de toutes les villes libyennes, avec leur square pelé, leurs palmiers décharnés, leurs lampadaires branlants où s'adossent, pour fumer, les jeunes oisifs du quartier, les carcasses de voiture désossées, abandonnées sur le trottoir, les poubelles qui débordent.

Et voilà que vous vous trouvez face à un groupe d'hommes en armes et uniforme sable, entourés de civils eux-mêmes munis de kalachnikov et vociférant des insultes, qui commencent à tirer en hurlant « chien de Juif » tandis qu'un pick-up, équipé d'un de ces canons antiaériens de 14,5 mm qui vous coupent un blindé en deux, se met en position sur le passage de votre convoi.

Les choses ne s'arrêtent pas là.

Vous avez à peine le temps de vous demander si votre voiture a été touchée, si vos photographes, dans la voiture derrière vous, sont indemnes et si les deux chauffeurs ont bien le bon réflexe de ne surtout pas s'arrêter et, s'il le faut, de forcer le barrage, qu'un autre pick-up, plus léger, vous prend en chasse ; parvient à vous doubler ; stoppe, dans un nuage de poussière, trois cents mètres plus loin, au bout de la ligne droite ; et voit son occupant ouvrir ses deux portières et jaillir, kalach au poing, pour vous mettre, à son tour, en joue.

A toute vitesse vous aussi, l'homme de sécurité, près du chauffeur, hurlant « no stop ! no stop » et s'emparant de l'AK-47, entre les deux sièges, vous foncez sur le bas-côté, frôlant le fossé, priant pour que le forcené, debout sur le macadam, n'ouvre pas le feu tandis que le deuxième GMC, celui de vos photographes, accélère encore et choisit de passer à gauche en arrachant la portière du pick-up hostile.

Et il faut, pour bloquer les poursuivants, qu'une troisième voiture, l'ouvreuse, mise à disposition, à votre arrivée, par la police de Misrata, fasse un tête-à-queue de rodéo, vous laisse filer dans un fracas de freins lâchés et d'ordres contradictoires sortis des talkies-walkies et s'immobilise, à son tour, en travers de la route.

Votre plaque d'immatriculation apparaissant sur les réseaux sociaux, votre chauffeur reçoit l'ordre de rallier, quelques kilomètres plus loin, une caserne de police banalisée, à l'abri d'un haut mur de tôles qui semblent fondre sous la canicule, où vous allez changer de véhicule.

La plaque du nouveau véhicule, pick-up plus discret que le précédent, abandonné en toute hâte, apparaissant, elle aussi, presque aussitôt, sur des pages Facebook et comptes Twitter, vous comprenez qu'on hurle, à travers les talkies, que vous êtes espionné ; balancé ; que « les traîtres » ne vous lâchent pas ; qu'un « incontrôlé », un « sournois », a encore donné à la meute à vos trousses le moyen de vous localiser et de vous arrêter ; et qu'il faut, pour poursuivre, emprunter encore un autre chemin.

Et vous voilà, quelques heures plus tard, au bout de la piste de l'aéroport de Misrata où vous attend, réacteurs allumés, prêt au décollage, l'avion par lequel vous êtes arrivé.

Que s'est-il passé ?
Les charmes de Tarhouna, déjà.
Cette ville et ces faubourgs, oubliés du monde, ignorés de la plupart des reportages sur la Tripolitaine en guerre, mais qui ont le triste privilège de vivre, depuis des décennies, sous la coupe d'un clan, les Al-Khani, dont l'art du revirement politique semble être l'arme favorite et une technique de gouvernement.

« Il n'y a pas qu'un charnier », m'a dit, une fois mis en confiance, le jeune combattant en uniforme de ranger du désert qui, coiffé d'un chapeau de brousse, son Automatic et ses deux cartouchières en bandoulière, m'a guidé, sous la chaleur accablante, à travers le paysage de sable et de mort.

« Vous avez, dans ce premier périmètre, les exécutés de l'année, ceux de la guerre d'Haftar, avec, pour différencier chacun, ou chaque groupe, ou l'endroit où l'on a déterré le corps démembré d'une femme jeune, un petit fanion. »

« Là-bas », poursuit-il, montrant l'interminable mer de sable, semée de monticules de gravats et de fosses rectangulaires délimitées à la chaux vive, ce sont « les morts d'il y a deux ans », quand les milices s'entretuaient et que « Fathi, notre ministre de l'Intérieur d'aujourd'hui », n'avait pas encore « mis de l'ordre ».

Et puis « là » (nous sommes passés sous le mince ruban jaune qui, comme dans une scène de crime, délimite un espace de sécurité et interdit, en principe, l'accès et sommes allés au-delà du tertre le plus haut), « vous avez l'endroit où l'on a déterré les victimes de 2010, quand les Al-Khani, et leur milice al-khanya, étaient au service de Kadhafi et accomplissaient ses basses besognes ».

Je ne vois pas le visage du jeune homme.

Il est masqué par un foulard couleur sable qui lui monte jusqu'aux yeux et lui moule si bien les traits qu'on dirait les bandages de l'homme invisible.

Mais je sens, à sa voix, que, manifestement éduqué, peut-être un étudiant, ou un jeune volontaire, il est dépassé par son propre récit et ne comprend pas bien lui-même, alors qu'il en connaît, chaque fois, les dates et les sites exacts, le pourquoi de cette litanie des meurtres.

J'ai vu des villes martyres en Libye.

Une embuscade en Libye

Je n'ai même vu que cela, à l'époque de cette guerre de libération dans laquelle j'ai placé tant d'espoir et où chaque jour, ou presque, amenait la découverte d'un charnier insoupçonné. Mais des villes tant de fois martyres, des cités dont les disparus s'empilent telles des couches géologiques témoignant de la succession de crimes qui semblent, chaque fois, venger le précédent, des nécropoles peuplées de morts en si grand nombre mais dont les corps ont été emmenés, pour identification par ADN, dans un laboratoire de Tripoli et resteront pour la plupart, même lorsque leur examen aura permis de les nommer, à jamais sans sépulture, ce n'est pas banal non plus.

Est-ce d'avoir vu et entendu cela qui m'a valu de devenir soudain, pour certains, indésirable ? Ces crimes répétés, et commis en commun, seraient-ils l'inavouable secret d'une ville qui n'a jamais su s'affranchir de ses bourreaux ni, à plus forte raison, puisque ce sont toujours les mêmes, les punir ? Tarhouna serait-elle une petite Thèbes en terre libyenne dont les âmes mortes poursuivraient, non seulement les vivants, mais les témoins qui viennent, comme Hertzog, Roussel et moi, tenter de rompre le silence ? Et est-ce ainsi que j'aurais dû interpréter la nervosité de mon fixeur local quand, la visite se prolongeant, il est venu me souffler à l'oreille qu'il

Ce que j'ai vu

fallait laisser les morts enterrer les morts et bouger, nous, sans délai ?
Peut-être.

Avant cela, 100 kilomètres plus à l'ouest, je suis allé à Al Khoms, nom arabe de Leptis Magna, la plus vaste cité antique au bord sud de la Méditerranée et la preuve, s'il en était besoin, que la Libye berbère, arabe et musulmane fut aussi une terre romaine.
Et là, dans ce lieu magnifique et inspiré où se croisent, qu'on le veuille ou non, l'Occident et l'Orient, dans ce creuset millénaire où les civilisations se sont succédé sans jamais tout à fait s'effacer ni cesser de poursuivre, en secret, leur dialogue de pierre, j'ai fait une chose qui n'a pu que dérouter les mauvais esprits que contrarie ma venue en Libye (islamistes radicaux ? nostalgiques de Kadhafi ? fidèles de Saïf al-Islam, son fils, dont on m'assure qu'il est toujours en Libye, qu'il est devenu un peu fou et passe ses nuits, dans une résidence surveillée de Zintan, à chanter « Bella ciao » ? et est-il vrai que Russes et Turcs pourraient finir par s'entendre pour le remettre en selle ?).
J'ai erré sous les portiques toujours debout.
J'ai franchi les arcs témoignant d'autant de triomphes sur les irréductibles tribus puniques chères à Flaubert dans *Salammbô*.

Une embuscade en Libye

J'ai déambulé sur des chaussées interminables, aux pavés parfaits et polis par le vent de la mer, qui semblent ceux d'une ville ressuscitée.

Je suis monté sur l'avant-scène du théâtre vide en compagnie d'une poignée de chebabs qui viennent de me raconter comment eux, leurs pères, et les pères de leurs pères, ont défendu le site contre les blessures du temps, les tremblements de terre, les pillards, les kadhafistes, les foudres de Daech qui entendaient l'anéantir comme ils l'ont fait à Palmyre.

Et, intimidé par le silence, submergé par leur émotion et la mienne, j'ai donné lecture, face à un portable ami et pour une télévision de Misrata, de l'« Appel aux femmes et hommes de bonne volonté » dont j'avais, depuis Paris, élaboré la première trame avec une poignée de compagnons de la révolution libyenne, désormais en exil et orphelins de leur rêve.

« Nous savons que vous êtes, Libyens, au bord de l'abîme et désespérés.

Des années de violence et de guerre vous ont ravi vos frères, vos enfants, vos parents.

Le beau projet, que nous avons nourri, Libyens et Européens alors au coude à coude, d'une Libye fraternelle, démocratique et débarrassée de la dictature, semble s'être perdu dans les sables.

Et vous êtes aujourd'hui un pays coupé en deux qui n'existe presque plus comme peuple.

Alors, ici, depuis Leptis Magna, je lance avec vous ce modeste appel à celles et ceux qui ne se résignent pas à l'éternel retour du pire.

La paix, la concorde et la liberté ne viendront plus de l'extérieur : c'est à vous, et à vous seuls, qu'il appartient de les faire vivre ; c'est aux Libyens, et aux Libyens seuls, qu'il revient de débarrasser la Libye des forces d'occupation qui ne sont là que pour faire revenir un tyran et la piller ; c'est aux Libyens de tous bords de réconcilier Tripoli, Misrata, Zintan, Benghazi, Derna ou Tobrouk, ces cités-sœurs qui peuvent, si vous le voulez, et si vous le voulez seulement, se retrouver un destin commun.

Des peuples amis sont venus à votre secours, il y a neuf ans, lorsque vous vous êtes soulevés : ce fut un moment de grandeur partagée.

D'autres sont venus, plus tard, après votre libération, pour semer la discorde : c'est, à l'ouest comme à l'est, le poison qui vous ronge.

A vous, aujourd'hui, de reprendre l'initiative.

A vous de créer cette troisième force, celle des libres citoyens, qui, seule, pourrait pardonner les offenses et panser les blessures de l'Histoire.

Puisse cet appel, s'il porte au-delà de ces colonnades et vole de ruine en ruine, traverser la frontière qui vous sépare aujourd'hui de vos sœurs et frères de Cyrénaïque.

Le sang a trop coulé.

Trop de mères pleurent leurs fils.

Trop de jeunes veuves savent qu'elles n'auront pas assez de vie pour pleurer un mari tué dans des combats fratricides.

La Libye est si vaste, et si riche, qu'il y a place pour tous ses enfants.

Vous avez, dans le reste du monde et, en particulier, en France, des amis qui vous invitent au sursaut. »

Sans doute cet appel étrange et qui me paraît moi-même, lorsque je le prononce, presque surréaliste, n'est-il pas tout à fait tombé, finalement, dans le silence des pierres.

Je peux imaginer, aujourd'hui, qu'il était inaudible au-delà du cercle des présents et que le canal de télévision local qui avait souhaité cette cérémonie a présumé de son indépendance et hésitera avant de le diffuser.

Ce qui est, hélas, certain, c'est que ces mots, après l'embuscade de Tarhouna, sont, pour l'heure, lettre morte.

Hélas...

Et puis, encore avant, il y a eu mon retour à Misrata.

Ce que j'ai vu

Je l'ai tant voulu depuis neuf ans !

C'est là, au lendemain de la mort de Chris Hondros et de Tim Hetherington, ces deux enfants de Robert Capa tués par un tir de mortier, que je suis venu, déjà pour *Paris Match*.

C'est là qu'arrivé par la mer, depuis Malte, sur un bateau de fortune qui, seul, pouvait déjouer le blocus, j'ai découvert l'esprit de résistance d'une ville assiégée comme le fut Sarajevo.

Et c'est là que, stupéfié par tant de vaillance, j'ai compris que seules les brigades de Misrata, si elles recevaient les armes appropriées, pouvaient libérer Tripoli et mettre un terme à la guerre qui menaçait de s'éterniser sur les rivages de Syrte et de Ras Lanouf.

Je reçois la visite, à mon hôtel, d'un député au Parlement de Tripoli qui me dit sa nostalgie du temps où la France se tenait aux côtés de tous les représentants, sans exclusive, de la Libye libre.

Je fais la connaissance de Mohamed Raied, sorte de Riboud libyen, industriel en produits laitiers, et incarnation de l'esprit de doux commerce qui est l'âme de Misrata et qui fait qu'il n'a pas cessé, un seul jour, malgré la guerre, de livrer ses yaourts dans la Libye de Haftar non moins que dans celle de Sarraj.

Je vois des représentants de cette jeunesse misrati qui a, seule, en 2015, sans coalition ni soutien international, repris Syrte et Sabratha à Daech ; je les écoute me raconter la fuite sans gloire d'Abu Muhad al-Kurdi, l'un des chefs terroristes, responsable de la décapitation, en février, de vingt et un chrétiens coptes égyptiens, et qu'ils traquent encore ; je leur demande de me raconter la mort au combat, devant les portes de Syrte, d'Abderrahman al-Kissa, le bâtonnier des avocats de la ville qui, quelques semaines plus tôt, était venu me remettre, à Paris, une invitation officielle à revenir à Misrata dont le conseil de la ville m'avait fait, à l'époque, citoyen d'honneur.

Je retrouve le général Ramadan Zarmouh que j'avais, en plein siège toujours, amené en France pour y obtenir du président Sarkozy les équipements qui, seuls, permettraient à ses brigades, comme nous l'avions planifié, de fondre sur Tripoli : il a vieilli ; le Leclerc d'hier est devenu un Cincinnatus mélancolique et fragile ; et aucun de ces « comités de réconciliation nationale » dont on s'évertue à lui confier, année après année, la présidence honorifique ne le console du bon temps, qui lui semble si lointain, où les Libyens s'aimaient.

Et puis je suis retourné sur Tripoli Avenue qui était, à l'époque, avec ses immeubles éventrés, ses cafés calcinés et ses minarets d'où l'on diffusait des faux bruits d'avion faisant croire à l'attaquant que les alliés approchaient, l'image même de la dévastation : la vie y est revenue ; son petit musée de la guerre, alors à ciel ouvert, est devenu un vrai musée ; la centrale électrique, dans les faubourgs, dont nous avions photographié les ferrailles tordues, les poutres d'acier fondues, les tôles calcinées et froissées, les tubulures crevées, les plaques de fonte colossales chiffonnées, les câbles qui pendaient dans le vide telles des girandoles inversées et ce bout de toit resté intact et que les flammes avaient tellement roussi qu'on aurait dit une frise d'or au fronton d'un des temples de Leptis Magna, refonctionne comme si rien ne s'était passé ; et tout, même les souvenirs de l'horreur, me paraît, ce matin-là, comme dans le poème de Baudelaire, tourner à l'enchantement.

Mon seul regret – mais le conseil s'avérera, hélas, prémonitoire – fut de me priver du pèlerinage sur le débarcadère désert et silencieux où nous attendirent jadis, au terme de trente-six heures d'une navigation sans instruments ni repères, les autorités de la ville : c'est là, me dit-on, que sont aujourd'hui « les Turcs » et là qu'ils déchargent, de nuit comme de jour, au mépris de l'embargo, leurs cargaisons interdites.

Une embuscade en Libye

Je pense, aujourd'hui, que tout est là.

Contrairement à ce que j'ai pu lire, depuis l'embuscade de Tarhouna, sous maintes plumes complotistes au nord non moins qu'au sud de la Méditerrannée, je suis entré en Libye avec un visa en bonne et due forme.

Je n'étais l'invité de personne et n'avais nulle intention de m'immiscer dans des querelles (telle faction contre telle autre... la Tripolitaine *versus* la Cyrénaïque...) qui comptent infiniment moins, à mes yeux, que l'urgence de voir la société civile libyenne prendre elle-même, enfin, les clefs de son destin.

Et je n'avais d'autre agenda que de renouer avec ce peuple auquel j'ai tant donné de moi-même ; d'y lancer, à Leptis Magna et ailleurs, un appel à l'unité et à la paix ; et de rapporter de ce séjour le présent reportage.

J'avais une arrière-pensée, en revanche.

L'erreur que nous commettons en laissant, là comme ailleurs, le champ libre à la Turquie et à ses ambitions islamo-fascistes.

L'urgence de voir la France rééquilibrer donc sa position dans une de ces guerres civiles où l'on a toujours tort, non seulement de déserter, mais de choisir la peste contre le choléra.

Et le projet, si cela n'advenait pas, de faire qu'il y ait au moins une voix française pour faire entendre, depuis cette terre que la France a aidé à libérer, une parole de fraternité et d'apaisement.

Cette idée, je le savais bien, ne pouvait que déplaire aux janissaires locaux d'un néo-sultan Erdogan qui m'a fait le redoutable honneur, naguère, au moment de la chute des Frères musulmans en Egypte et du coup d'Etat d'al-Sissi, de me désigner à la vindicte des siens comme étant un des responsables de l'événement.

Mais ce que, dans mon enthousiasme ou, peut-être, ma naïveté, je n'avais pas imaginé, c'est la machine infernale qui s'est hélas mise en mouvement à l'instant très précis où j'ai informé le ministère de l'Intérieur de Tripoli de mon projet de reportage.

Le ministre, Fathi Bachagha, qui est, parce que premier flic du pays, l'homme fort du régime, qui est aussi l'un des rares à avoir exprimé le désir de voir l'Union européenne et Paris faire contrepoids à Moscou et Ankara mais qui doit tout de même en référer à son Premier ministre en exercice, Fayez al-Sarraj, qui est, lui, la marionnette des Turcs...

Le bureau de Sarraj qui, à peine informé, organise une première fuite dans un torchon algérien titrant sur « le criminel sioniste qui revient sur les lieux de son crime » ; puis une autre, sur des pages Facebook turques ou qataris où se retrouve le détail de l'itinéraire, plus ou moins bidon, que j'ai dû, lui aussi, déposer...

L'hystérie des réseaux sociaux qui me présentent tantôt comme un émissaire de la France et le complice de son engagement sans nuances aux côtés des forces d'Haftar ; tantôt comme un provocateur, faiseur de guerre, venu aider au démantèlement d'un grand pays arabe ; ou tantôt, puisqu'on n'en était pas à une saloperie près, comme un agent double œuvrant en secret à la victoire des Frères musulmans...

Et puis peut-être, enfin, un règlement de comptes, sur mon dos, entre ceux qui, comme Fathi Bachagha, disent croire en l'Etat et en son devoir, par exemple, d'assurer la sécurité d'un journaliste étranger et ceux qui, comme Sarraj, n'y croient pas ; entre ceux qui, comme le premier, veulent mettre au pas les milices et leur substituer une force régalienne et ceux qui, parce qu'ils trouvent, dans leur maintien, une source de pouvoir et de profit, ne veulent pas de leur démantèlement ; bref, exactement comme en Cyrénaïque, entre ceux qui entendent se donner les moyens de la négociation et de nouveaux pourparlers de paix, et ceux qui feront tout, jusqu'au bout et, s'il le faut, jusqu'au dernier Libyen, pour laisser le pays servir de champ clos à une rivalité meurtrière entre les empires ottoman et russe en voie de reconstitution.

Aimée et douloureuse Libye.

Théâtre d'un moment de grandeur où, pour la première fois, il y a neuf ans, des pays occidentaux ont fait la preuve qu'ils n'étaient pas voués à soutenir aveuglément, et pour l'éternité, les tyrans contre leurs peuples.

C'est pour rappeler cet événement sans pareil que je suis revenu.

C'est dans l'espoir de voir l'événement se répéter que je reviendrai encore, cette fois à Benghazi et Derna.

Pour l'heure, ces impressions d'une Libye de nouveau martyrisée, sous la botte, mais dont j'ai pu mesurer qu'elle n'a pas fait le deuil de la liberté et de son ivresse.

Ces choses vues et entendues auprès de Libyens libres qui n'ont pas renoncé à leur serment, comme à Tobrouk, de ne pas trouver le repos tant qu'un gouvernement civil et démocratique ne sera pas établi sur toute l'étendue du pays.

La Libye est à la croisée de ses chemins. Nous aussi. Mais prenons-y garde. C'est ici, sur ces rivages, que se joue, pour partie, le futur de la Méditerranée et de l'Europe.

8

*En Afghanistan,
avec le dernier des Massoud*

La déflagration s'est produite il y a quelques heures. Une voiture piégée. Garée en double file, dans cette rue commerçante du quartier Taimani, dans la partie nord de Kaboul. Et, quand est passé le convoi d'Amrullah Saleh, le vice-président, connu pour son radicalisme anti-taliban, le kamikaze s'est collé à son blindé et a tout fait sauter. Bilan ? Dix morts. Quinze blessés. Le vice-président miraculé, mais brûlé aux mains et au visage. Et, dans un rayon de cent mètres, un chaos de tôles tordues, de pylônes électriques abattus, de bonbonnes de gaz déchiquetées – et des nuées de pauvres gens criant, toussant, fuyant les panaches de fumée noire qui laissent craindre une deuxième explosion et font que l'on abandonne sa voiture bloquée, de toute façon, par l'embouteillage géant qui s'est formé. Merci les talibans. Bonjour l'engagement pris, pendant les pourparlers de paix qui commencent, cette semaine, à Doha, de cesser ce qu'ils osent appeler « les combats ». Et colère d'Ahmad Muslem Hayat, qui fut le Head Security Officer du légendaire commandant Massoud et qui est revenu de Londres pour nous protéger dans ce dernier reportage : il observe les policiers débordés ; encourage les équipes de fourrière dégageant à la grue les véhicules abandonnés ; prête main forte à une brigade de secouristes en train d'extraire des décombres un enfant au teint de cire, qui respire encore mais comme dans un râle ; « c'est toujours la même histoire, gronde cet homme qui a traversé quarante ans de guerres afghanes et de tueries ; ils sont trop lâches pour revendiquer l'attentat ; ils vont le mettre sur le dos d'Al-Qaïda ; ou du Lashkar-e-Taiba pakistanais ; ou du groupe Haqqani ; mais tout ça – écrivez-le ! – ce sont les faux nez des talibans ».

Qui est taliban ? Qui ne l'est pas ? Quelles sont, dans ce Kaboul croulant sous les réfugiés et où, depuis l'annonce, par Trump, du départ des Américains, l'on ne croise plus un étranger, les limites de la zone grise où un homme-bombe passe inaperçu et évolue comme un poisson dans l'eau ? Nul n'en sait rien. Et cela nous a bien été dit, hier soir, par Saad Mohseni, fondateur de Tolonews, la chaîne de télévision qui est l'honneur de l'information libre en Afghanistan et dont les studios dernier cri seront, lorsqu'ils reviendront, l'une des premières cibles des talibans : des carnages comme celui-ci, ou comme celui qui, le 12 mai, dans le quartier de Dasht-e-Barchi, a frappé une maternité de Médecins sans frontières et fait vingt-quatre morts dont trois bébés, il peut s'en produire à tout instant et partout... J'aperçois, par la vitre de mon véhicule, un homme au regard fiévreux qui fait, en nous voyant, le geste de se trancher la gorge. Un colporteur en guenilles assis, sur le trottoir, devant un bric-à-brac de portables, cadenas et vieilles montres, qui fait comme s'il braquait une arme sur notre convoi. Un autre, presque un gamin, qui, comprenant qu'on le photographie, crache dans notre direction. Le commandant Hayat, pendant tout le temps que nous roulons, ne lâche pas la kalach posée entre lui et le chauffeur. Puis, voyant que le trafic est bloqué et que nous n'avançons plus, il propose de finir à pied. Nous sommes le 9 septembre. C'est le jour anniversaire de l'assassinat, il y a dix-neuf ans, de Massoud. Et je suis venu, dans ce quartier du centre, tenter de retrouver la maison où, en 1992, alors qu'il était ministre de la Défense et que son vieil ennemi, l'islamiste Gulbuddin Hekmatyar, bombardait depuis les

Ce que j'ai vu

collines, je l'avais accompagné dans sa visite à l'un de ses moudjahidine blessés.

Je vais de maison en maison, guidé par un souvenir vague, comme en rêve, montrant, sur mon téléphone, une photo ancienne avec le « héros national ». Les hommes de ce quartier pachtoun, à mesure que nous nous éloignons de l'artère principale et nous enfonçons dans le dédale des ruelles poussiéreuses et instables, des cours intérieures mangées par l'herbe folle, puis, soudain, des impasses bétonnées où surgissent des bâtiments modernes, semblent moins hostiles et curieusement plutôt contents de ce « Massoud Day » où c'est un Tadjik que l'on célèbre ! « La maison que vous cherchez, vous la trouverez ici, juste après le bazar », nous indique un grand-père qui se rappelle un voisin que le ministre Massoud, « vêtu d'un grand manteau blanc », était en effet, en plein hiver, entouré d'une garde légère, venu réconforter. « Non, c'est là-bas », corrige le chef de quartier, le « kalantar », qu'on est allé réveiller, au fond de son magasin de lapis-lazuli, perché en haut d'un escalier de fer branlant. Mais c'est un « vendeur de vieilleries », un « kohnajrv », qui va nous mener, à travers un labyrinthe de chemises, vareuses et pantalons militaires de toutes provenances et pendus sur des fils à linge, jusqu'à ce qui fut la demeure de Mola Shams et de sa fille, Homa, la journaliste suicidée des *Nouvelles de Kaboul* mais où s'élève, désormais, un centre commercial. Je n'ai pas le temps d'en apprendre davantage sur le sort du moudjahid blessé. Car le quartier est devenu imperceptiblement plus inquiétant. Nous tombons, au détour d'une fosse d'aisance à ciel ouvert, sur une tête de chat décapité, qui paraît nous narguer. On croise des adolescents au regard défoncé. Des femmes encagées dans des burqas. Et un informateur vient dire au commandant Hayat que l'on commence, ici et là, à trouver étrange cet étranger qui pose des questions déplacées…

J'ai habité l'ambassade de France, dans les premiers mois de 2002, Jacques Chirac m'ayant chargé d'une mission sur la contribution de la France à la reconstruction de l'Afghanistan martyr et donc, pour parler clair, à l'éradication des talibans. Près de vingt ans plus tard, où en sommes-nous ? La bonne nouvelle c'est que nous y avons un ambassadeur, David Martinon, qui ne ménage pas sa peine pour convaincre les Afghans qu'il serait suicidaire, à la veille des pourparlers de Doha, de céder au chantage islamiste. La mauvaise nouvelle c'est que sa détermination n'a pas pu empêcher, hier soir, la libération en catimini des deux sicaires à moto qui, en 2003, à Ghazni, dans un embouteillage semblable à ceux de Kaboul, ont exécuté, à bout portant, la jeune humanitaire française Bettina Goislard. L'autre mauvaise nouvelle c'est que, depuis l'attentat au camion piégé qui l'a visée il y a trois ans et a fait, en pleine zone verte, plus de deux cents morts, la jolie bâtisse blanche où nous entrions, naguère, comme dans un moulin est devenue une forteresse assiégée, protégée par un dispositif de murs, portails métalliques coulissants, blocs de béton, herses, postes de tir, où l'ambassadeur-courage et les vingt-quatre hommes du Raid qui le protègent vivent en état de guerre. Et puis comment ne pas se souvenir de l'atmosphère joyeuse, presque enthousiaste, des déjeuners où nous rassemblions, avec Gilles Hertzog, sur la même riante pelouse, les mêmes jeunes gouverneurs et chefs militaires que convie, ce 11 septembre, Martinon ? Karim Khalili, par exemple, est toujours le maître de Bamiyan. Il a gardé, à peine vieilli, le même visage rond que tente de durcir la barbe blanche et finement taillée. Il continue de croire à l'existence, au pied des falaises où veillaient les bouddhas détruits, d'un troisième bouddha, couché, qu'il faudrait qu'une mission de la Délégation archéologique française en Afghanistan (Dafa) vienne exhumer. Mais la différence c'est qu'il était convaincu que les talibans avaient perdu. Alors qu'aujourd'hui…

En Afghanistan, avec le dernier des Massoud

Abdullah est l'autre président d'Afghanistan. Pas le vice-président. L'autre. Le rival. Celui qui conteste la victoire, à l'élection de 2019, d'Ashraf Ghani et l'a longtemps bombardé, d'un palais l'autre, de communiqués vengeurs. Ghani, pour s'en débarrasser, l'a mis à la tête de la délégation chargée de traiter avec les talibans. Mais, cette nuit, dans la maison familiale de Kartha-ye Parwan où il nous reçoit à dîner, il n'est pas le diplomate en costume occidental qui part demain pour Doha. Mais le maquisard croisé il y a trente ans, en « salwar kameez » traditionnel, dans la vallée du Panchir où il fut l'un des plus vaillants lieutenants du commandant Massoud. Et il passe la fin de la soirée à nous faire parcourir d'interminables salons dont le principal intérêt est d'être tapissés de photos de lui et de son chef, jeunes, au combat, contre les Soviétiques. Il est perdu dans ses songes. Ne dit rien. Tout juste me corrige-t-il quand, trompé par la pénombre, ou par la médiocrité du tirage, ou, parfois, par leur indéniable ressemblance, je confonds les deux visages. Et c'est moi qui, à un moment, romps le silence. « Cher Abdullah… Qu'allez-vous dire aux talibans ? Quels seront vos premiers mots ? Quelles sont vos lignes rouges ? Et peut-on négocier avec ceux qui, il y a vingt ans, ont envoyé deux faux journalistes, armés d'une caméra piégée, assassiner Massoud ? » Abdullah reste évasif. Il murmure que le pays n'en peut plus, que les quarante ans de guerre l'ont épuisé et qu'il faut donner une chance à la paix. Puis, se reprenant et comme réhabité par une rage ancienne : « Savez-vous que ces chiens ont poireauté pendant un mois ? que toute l'opération était pensée pour se produire bien en amont du 11 septembre ? et que c'est le Chef qui, le dernier jour, alors qu'ils n'y croyaient plus eux-mêmes, s'est souvenu de leur existence et a décidé de leur donner cette fatale interview ? » L'autre face d'Abdullah. Celle dont je comprends qu'elle ne cédera pas, au Qatar.

Mais nous voici dans le Panchir. Les agences de sécurité afghanes étant infestées d'agents doubles, la nouvelle de notre déplacement a fuité. C'est le branle-bas de combat sur les réseaux sociaux pro-talibans. Sur les cent kilomètres de route qui traversent la plaine de Chamali et que l'armée afghane a le plus grand mal à contrôler, les checkpoints sauvages sont possibles. Et nous avons appelé Saad Mohseni qui nous a présenté, la veille, chez lui, le ministre de la Défense et nous obtient, au débotté, un hélico. Est-ce le même Mi-17 que celui qui, jadis, nous avait transportés, avec Massoud, de Douchanbé, capitale du Tadjikistan, à Jangalak, au bord de la rivière Panchir, où étaient

En Afghanistan, avec le dernier des Massoud

ses postes avancés ? C'est la même carlingue trop rigide qui, dans les turbulences, tremble de toute sa longueur. Ce pourrait être les mêmes hommes essayant deux fois les turbines avant de décoller et prenant place, en vol, derrière les mitrailleuses pointées sur les butées de terre qui, dans la brume, peuvent être des positions ennemies. C'est le même poste de pilotage avec la même cale de bois qu'on remonte à la dernière minute et où Massoud s'était assis et, au passage des cols de l'Hindu Kuch, s'était mis à prier. Et ce qui n'a pas changé, c'est, à l'atterrissage, ce paysage de maisons cubiques, ces fours à brique, ces vergers colorés et entourés de murets, cette rivière Panchir, étincelante dans les dernières vapeurs du matin, bref, ce village de Jangalak où j'étais arrivé, jadis, avec Ahmed Massoud et où m'attend... Ahmad Massoud. Eh oui ! Ahmad. Son fils. Il faudrait dire son sosie. Cet enfant de 9 ans que je revois s'emparant, pour les ranger dans la bibliothèque familiale, des *Mémoires de guerre*, de De Gaulle, que j'avais apportés à son père et qui, vingt-deux ans plus tard, avec son pakol, sa barbe soignée, ses yeux graves et en amande, paraît sa réincarnation...

Je lui fais raconter ce père légendaire et martyr auquel il ressemble de manière si troublante.

Ce que j'ai vu

Comment il rêvait d'être, à l'âge d'homme, le plus brave d'entre ses Braves... Comment il se contentait, en attendant – mais avec quel amour ! –, de lui apporter son thé du soir et de l'aider, quand il rentrait d'opération, à délacer ses souliers... Cette maison que Massoud a construite, mais où il n'a eu le temps de passer que les deux dernières semaines de sa brève vie... Ce jardin qu'il a conçu et planté avec un art digne des jardins moghols de Babur... La phobie qu'il avait des insectes et ce drôle de matin, à la fin, alors que la rivière débordait, où on le surprit recueillant des scarabées en train de se noyer et les posant sur des galets... Le dernier souper... La dernière grappe de raisin qu'il a voulu, le jour de son dernier départ, déguster avec son garçon... La dernière, vraiment, père ? Tu veux dire : la dernière de la saison ? Oui, a répondu le père pour le tranquilliser. Mais son âme d'enfant a bien compris que c'est autre chose qu'il voulait dire... Elle a senti cette manière, qui lui ressemblait si peu, au moment du dernier adieu, de revenir sur ses pas, de repartir, de revenir encore... Et puis l'instant de la mort dont je n'ai jamais lu de relation vraiment fiable et qu'il me raconte tandis que nous franchissons le pont où ils avaient l'habitude d'aller marcher : son beau visage criblé par les éclats de la bombe ; sa poitrine broyée ; un œil crevé ; une jambe sectionnée ; contrairement à ce qui s'est dit, donc, foudroyé presque sur le coup ; sauf qu'il a eu la force ultime et surhumaine d'appeler deux gardes épargnés par l'explosion et de leur ordonner de le prendre aux aisselles et de le relever – et, là, debout pour la dernière fois, il a rendu l'âme en récitant la sourate des mourants.

Mais Massoud le Jeune, malgré sa bouleversante dévotion filiale, ne m'a pas invité pour s'attendrir sur les récits du passé. Et nous allons en direction d'Abshar, 70 kilomètres plus à l'est, où les talibans ont lancé, la semaine dernière, une attaque surprise, sans précédent, contre le Panchir. Je le découvre, au milieu de ses commandants désormais en état d'alerte et dont certains ont l'âge d'avoir servi son père. J'observe, tandis qu'il inspecte leurs positions et les exhorte à la résistance, l'autorité qui se dégage de son visage encore poupin. Je l'entends leur exposer qu'il n'a voulu ni entrer au gouvernement, ni participer à ces bizarres négociations de paix, car sa place est parmi eux, aux portes de ce qui fut et doit absolument rester l'inviolable sanctuaire de l'Afghanistan libre. Et quand, au fond d'une gorge vertigineuse où l'on n'entend que les sonnailles d'un troupeau dans le lointain, arrive le moment du concours de tir au fusil d'assaut que son père avait pour habitude, lui aussi, de proposer à ses invités, il faut se rendre à l'évidence : la cible est un caillou blanc, posé sur une arête de pierre ocre, à 70 mètres de nous, dans la zone d'ombre que fait le pli de la montagne ; et, si mes performances ne se sont guère améliorées depuis vingt ans, lui pointe à trois reprises et, à trois reprises, sous les vivats de son escorte, tape dans le mille du caillou blanc. Ahmad Massoud est un tireur d'élite. Il a l'art et, peut-être, le sang-froid des guerriers immémoriaux des montagnes afghanes. Sans parler du fait que ce jeune lettré que l'on exfiltra, après le meurtre de son père, vers l'Iran puis, très vite, vers Londres fut l'un des brillants cadets de la Royal Military Academy Sandhurst qui forme, depuis deux siècles, l'élite de l'armée britannique...

Puis nous allons au mausolée de marbre où repose son père et où l'attendent d'autres commandants mais, surtout, en ce premier vendredi d'après le « Massoud Day », des délégations venues de Kandahar et de Jalalabad pour célébrer la mémoire du Lion du Panchir. Et là, face à ces centaines de paysans-soldats dont les tuniques luisent dans la lumière écrasante, puis au milieu des carcasses de tanks qui rappellent un des coups de main les plus audacieux de la guerre des moudjahidine contre les Soviétiques, je m'avise d'un autre visage encore de ce prodigieux jeune homme. Eloquent. Orateur inspiré et lyrique. Parlant, non plus au nom de ses frères Panchiris, mais de la nation afghane tout entière. Et saluant la France, qui, au plus profond de la nuit, n'a jamais abandonné ce peuple de potiers, de caravaniers, de bergers et de poètes. « Vingt ans se sont écoulés, dis-je, lorsqu'il me passe la parole. Je reviens, le cœur serré, dans ces montagnes toujours en deuil d'un commandant dont le lâche assassinat, non loin d'ici, ouvrit le nouveau siècle comme un prologue funèbre. Mais je découvre que les braises de la liberté brûlent toujours dans cette vallée. Je comprends que, grâce à ses compagnons d'hier, à ses fils d'aujourd'hui et à ce fils, par le sang et l'esprit, qui me fait l'honneur de m'accueillir ici, près de lui, le souvenir du commandant continue d'habiter ces montagnes. Merci à Ahmad Massoud, le bien nommé, de tenir les promesses de son père. Merci d'être la même sentinelle veillant au cœur de cette terre dont le nom restera gravé dans le livre du courage et de la grandeur des hommes. Demain, quelle que soit l'issue du face-à-face avec les talibans, quels que soient les fruits amers du compromis avec les fous de Dieu et quelque désespérante que vous paraisse la traîtrise de vos alliés qui ont choisi de perdre cette guerre et de vous sacrifier, je témoignerai qu'ici, au bas de ces montagnes, le combat pour la liberté a repris et qu'il n'avait en réalité jamais cessé. Un nouveau Lion du Panchir est né. Et c'est une belle nouvelle, en ces temps sombres, pour les hommes de bonne volonté. »

Et puis nous revenons à sa maison d'enfant où nous prenons un dernier thé sur les longs sofas grenat, face au torrent où méditait son père. « Je n'aime que trois choses au monde, commence-t-il. Les livres. Les jardins. Et puis l'astronomie que j'ai apprise, avant Sandhurst, au King's College de Londres et qui m'a donné le goût, chaque soir, de regarder le ciel et ses constellations. Cela signifie que je n'étais, contrairement à ce que vous avez dit tout à l'heure, au mausolée, pas taillé pour l'action politique. Mais quelqu'un devait reprendre le flambeau. Il ne fallait pas que s'éteigne l'espoir qu'incarne la gloire de mon père. Alors oui, pour cette raison, et cette raison seule, je suis prêt à la relève… » Je lui pose, avant de m'en aller, trois questions. Si, dans la charte du mouvement qu'il a créé, il est prêt à inscrire qu'être le fils de son père ne suffit pas et que sa couronne n'est pas à lui mais au peuple des moudjahidine. S'il est disposé à annoncer qu'il ne sollicite les suffrages de la nation afghane que pour lancer les réformes dont les grands féodaux du pays, pour l'heure, ne veulent pas et qu'il retournera, ensuite, déchiffrer le marc des étoiles. Et s'il y a des principes – à commencer par les droits des femmes – sur lesquels aucun faiseur de paix ne pourra, lui vivant, transiger. A ces questions, il répond oui. Chaque fois oui. Il le fait de la même voix claire, bien timbrée, qu'eut son père, il y a vingt-deux ans, lorsqu'il accepta, malgré les combats qui se rapprochaient, mon invitation à venir à Paris. En sommes-nous là ? Massoud le Second serait-il un nouveau Cavalier décidé à mettre en échec des seigneurs de la guerre qui ne sont plus, face au péril taliban, que les épaves d'eux-mêmes ? Se pourrait-il que, dans ce dernier affrontement où se joue notre destin, il y ait là un protagoniste, au moins un, pour dire non à l'obscurantisme, à la loi des massacres et à l'esprit de démission ? Je l'espère.

Table

Ce que je crois.......................... 7
   Avant-propos........................... 9
   1. Qu'est-ce que c'est, dégueulasse ? 13
   2. S'il n'en reste qu'un 37
   3. L'art de la fugue..................... 74
   4. Autoportrait de l'aventurier 94
   5. La mort, comme le soleil ? 113

Ce que j'ai vu......................... 143
   1. SOS Chrétiens, au Nigeria.............. 145
   2. Justice pour les Kurdes ! 161
   3. Dans les tranchées de la guerre en Ukraine... 176
   4. Fin du monde à Mogadiscio 191
   5. Les damnés du Bangladesh 206
   6. Retour à Lesbos..................... 220
   7. Une embuscade en Libye 234
   8. En Afghanistan, avec le dernier des Massoud... 251

DU MÊME AUTEUR (*Suite*)

Romans

LE DIABLE EN TÊTE, Grasset, 1984.
LES DERNIERS JOURS DE CHARLES BAUDELAIRE, Grasset, 1988.

Théâtre

LE JUGEMENT DERNIER, Grasset, 1992.
HÔTEL EUROPE, Grasset, 2015.

Beaux-Arts

FRANK STELLA, La Différence, 1989.
CÉSAR, La Différence, 1990.
PIERO DELLA FRANCESCA, La Différence, 1992.
PIET MONDRIAN, La Différence, 1992.
LES AVENTURES DE LA VÉRITÉ, Grasset/Fondation Maeght, 2013.

Questions de principe

QUESTIONS DE PRINCIPE I, Denoël, 1983.
QUESTIONS DE PRINCIPE II, Le Livre de Poche, 1986.
QUESTIONS DE PRINCIPE III, *La suite dans les idées*, Le Livre de Poche, 1990.
QUESTIONS DE PRINCIPE IV, *Idées fixes*, Le Livre de Poche, 1992.
QUESTIONS DE PRINCIPE V, *Bloc-notes*, Le Livre de Poche, 1995.
QUESTIONS DE PRINCIPE VI, *avec Salman Rushdie*, Le Livre de Poche, 1998.
QUESTIONS DE PRINCIPE VII, *Mémoire vive*, Le Livre de Poche, 2001.
QUESTIONS DE PRINCIPE VIII, *Jours de colère*, Le Livre de Poche, 2004.
QUESTIONS DE PRINCIPE IX, *Récidives*, Grasset, 2004.

Questions de principe X, *Ici et ailleurs*, Le Livre de Poche, 2007.
Questions de principe XI, *Pièces d'identité*, Grasset, 2010.
Questions de principe XII, *Début de siècle*, Le Livre de Poche, 2013.
Questions de principe XIII, *Qui a peur du XXIe siècle*, Le Livre de Poche, 2016.
Questions de principe XIV, *L'Œil du cyclone*, Le Livre de Poche, 2018.

Chroniques

Le Lys et la Cendre, Grasset, 1996.
Comédie, Grasset, 1997.
Ennemis publics *(avec Michel Houellebecq)*, Flammarion/Grasset, 2008.

Cet ouvrage a été imprimé
par CPI Firmin Didot
pour le compte des éditions Grasset
à Mesnil-sur-l'Estrée (Eure)
en mai 2021

*Composition et mise en pages
Nord Compo à Villeneuve-d'Ascq*

N° d'édition : 22033 – N° d'impression . 164168
Dépôt légal : mai 2021
Imprimé en France

Sur la route des hommes sans nom

Du destin des fils dont les pères furent des héros

Réinventer une Internationale de la fraternité

Au temps de la rue d'Ulm

Le parti de Mallarmé, le pari de Pascal

Comment abolir la royauté du moi ?

Il faut sauver les chrétiens du Nigeria

Georges Canguilhem, le maître des maîtres

Supplément au *Portrait de l'aventurier*

Existe-t-il un art de mourir ?

La guerre d'Espagne n'est pas finie

Don Quichotte, Romain Gary ou Lawrence d'Arabie ?

Fuir comme Rimbaud, finir comme Byron

Commander une escadrille ou écrire *L'Espoir* ?

Confession d'un enfant des deux siècles

Changer le monde, l'interpréter - *ou le réparer*